GERO PFENNIG

## Die Notenausgabe der Deutschen Bundesbank

Schriften zum Öffentlichen Recht

Band 169

# Die Notenausgabe
# der Deutschen Bundesbank

Ein Beitrag zum Recht der öffentlichen Sachen

Von

Dr. Gero Pfennig

DUNCKER & HUMBLOT / BERLIN

Alle Rechte vorbehalten
© 1971 Duncker & Humblot, Berlin 41
Gedruckt 1971 bei Buchdruckerei Richard Schröter, Berlin 61
Printed in Germany

ISBN 3 428 02512 1

*Meinen Eltern*

# Vorwort

Diese Schrift hat im Wintersemester 1970/71 dem Fachbereich Rechtswissenschaft der Freien Universität Berlin als Dissertation vorgelegen. Bei der erneuten Durchsicht und Überarbeitung für die Drucklegung sind Schrifttum und Rechtsprechung weitgehend bis Ende April 1971, zum Teil auch darüber hinaus, berücksichtigt worden.

Meinem hochverehrten Lehrer, Herrn Professor Dr. Karl August Bettermann, danke ich aufrichtig dafür, daß er diese Arbeit betreut und durch wertvolle Anregungen stetig gefördert hat.

Mein herzlicher Dank gilt auch Herrn Professor Dr. Arwed Blomeyer, der durch wohlwollendes Entgegenkommen und wichtige Hinweise zum Abschluß der Darstellung beigetragen hat.

Ferner sage ich Herrn Ministerialrat a. D. Dr. Johannes Broermann Dank für die Aufnahme der Schrift in sein Verlagsprogramm.

Berlin, den 12. Juni 1971

*Gero Pfennig*

# Inhaltsverzeichnis

## Einleitung

§ 1 *Ziel und Methode der Arbeit* .................................... 13

## Erster Teil

### Öffentlich-rechtliche Einordnung der Geldnoten und ihrer Ausgabe

§ 2 *Gegenstand der Notenausgabe, § 14 BBkG* ....................... 16

I. Das Sachgeld als Teil der wirtschaftlichen Geldordnung ........... 16
II. Zur Bedeutung von „Ausgabe" (§ 14 BBkG) ....................... 16
    1. Ausgabe i. w. S. durch Herstellung und In-Verkehr-Bringen .... 17
    2. Ausgabe i. e. S. durch In-Verkehr-Bringen im Unterschied zur Herstellung der Noten ........................................ 17

§ 3 *Die Ausgabe i. e. S. (In-Verkehr-Bringen) als öffentlich-rechtliche Tätigkeit der Bundesbank* ........................................ 18

I. Notenausgabe i. e. S. als öffentlich-rechtliches Handeln ............ 18
    1. Stellung, Aufgabe und währungspolitische Befugnisse der Bundesbank ......................................................... 18
    2. Gesetzesbestimmungen hinsichtlich der DM-Noten und ihrer Ausgabe ........................................................ 20
        a) Währungsgeld und gesetzliche Zahlungsmittel ............... 21
        b) Das Ausgabe-„Monopol" der Bundesbank .................... 22
    3. Geschichtliche Entwicklung des Geldwesens .................... 24
    4. Ergebnis ..................................................... 25
II. Herstellung von Noten als privatrechtliches Handeln .............. 26
    1. Tatsächlicher Vorgang ........................................ 26
    2. Möglichkeit der Herstellung durch Privatpersonen .............. 26

§ 4 *Einordnung der Notenausgabe in Rechtsformen öffentlich-rechtlichen Handelns* ....................................................... 28

I. „Besondere währungspolitische Befugnis" oder Rechtsverordnung? .. 28
II. Notenausgabe als Widmung der Noten zur öffentlichen Sache Geld .. 28

1. Unterschied zu Buchgeld, zu von Privaten ausgegebenen Noten, unverzinslichen Inhaberschuldverschreibungen und sonstigen Wertpapieren .................................................. 28
   a) Fehlen einer Forderung beim Notengeld .................... 29
   b) Ungeeignetheit des Forderungs- und Schuldbegriffs zur Erklärung des Notengeldes ........................................ 30
   c) Ergebnis ...................................................... 31
2. Das Notengeld als öffentliche Sache ............................ 31
   a) Vom Regal zur öffentlichen Sache ........................... 33
   b) Der gegenwärtige Begriff der öffentlichen Sache im Gemeingebrauch ....................................................... 33
   c) Öffentliche Sache als res extra commercium ................. 35
   d) Benutzung als öffentliche Sache und privatrechtliche Verfügungsgewalt ................................................. 35
   e) Öffentliche Sache als Mittel der Konjunkturpolitik .......... 36
3. Ausgabe der Noten als Widmung durch Verwaltungsakt .......... 37
   a) Keine Widmung durch Bundesbankgesetz oder sonstigen Rechtssatz ..................................................... 37
   b) Bundesbank als widmendes Subjekt öffentlicher Verwaltung .. 38
   c) Widmung durch Verwaltungsakt .............................. 38
   d) Bekanntgabe ................................................. 38
   e) Rechtmäßigkeitsvoraussetzungen ............................ 39
   f) Ergebnis ..................................................... 39

## § 5 Die Widmung der Noten zu Geld in Form von unbeschränktem gesetzlichen Zahlungsmittel .............................................. 40

I. Umfang des Widmungsrechts, § 14 i. V. m. § 3 BBkG ............... 40
II. Inhalt der Widmung ............................................... 40
   1. Doppelfunktion der Widmung ................................. 40
   2. Widmung zur öffentlichen, abstrakte Zahlkraft zum aufgedruckten Zwangskurs verkörpernden Sache Geld .................... 42
      a) Die Geldeigenschaft ...................................... 42
      b) Keine Widmung ........................................... 43
         aa) zu einem bestimmten Kaufwert (Marktwert) ........... 43
         bb) zu einem bestimmten Wechselkurs (Kurswert) ......... 43
   3. Widmung zu (Geld in Form von) gesetzlichem Zahlungsmittel .... 45
      a) DM-Noten als gesetzliche Zahlungsmittel .................. 45
      b) Notengeld als unbeschränktes (gesetzliches) Zahlungsmittel .. 47
   4. Ergebnis ..................................................... 47

## § 6 Die Benutzung des Notengeldes als öffentliche Sache (Der Gemeingebrauch) ................................................................ 48

I. Benutzung durch Gebrauch als unbeschränktes gesetzliches Zahlungsmittel mit Zwangskurs ............................................... 48
II. Privatrechtliche Verwendung als Gemeingebrauch .................. 49

## § 7 Unterhaltung und Entwidmung ..................................... 51

I. Die Unterhaltung ................................................. 51
   1. Ersetzungspflicht bei schadhaften Geldnoten, § 14 III BBkG ...... 52

2. Ersetzung durch andere gesetzliche Zahlungsmittel gleichen Nennwertes und gleicher Art .................................... 53
3. Keine Ersetzungspflicht bei Nicht(mehr)-Bestehen der öffentlichen Sache, § 14 III 2 und 1 BBkG ................................ 53
4. Der Anspruch auf Ersetzung .................................. 54

II. Die Entwidmung ................................................ 54
1. Außer-Kurs-Setzung als Entwidmung ........................ 55
   a) Aufruf zur Einziehung als entwidmender Verwaltungsakt, § 14 II BBkG ............................................ 55
      aa) Der Aufruf als entwidmender Verwaltungsakt mit Bedingung, subsidiär Befristung ............................ 55
      bb) Entwidmung nur bei entsprechendem öffentlichen Interesse 56
   b) Kein Anspruch auf Fortbestand der Widmung ............ 57
   c) Keine Tangierung des Eigentums ......................... 58
2. Außer-Kurs-Setzung durch Einziehung ...................... 58
3. Die „Stillegung" der Bundesbank zugeflossener Geldnoten als Beschränkung der Ausübung des Gemeingebrauchs ............ 59

*Zweiter Teil*

**Folgen einer öffentlich-rechtlichen Qualifizierung der Notenausgabe**

*§ 8 Die Folgen rechtswidrigen Handelns der Bundesbank und der Rechtsschutz* ........................................................ 61

I. Die rechtswidrige Widmung .................................... 61
1. Fehlen des erforderlichen Einvernehmens, § 14 I 4 BBkG ........ 61
   a) Keine Aufsichtsmaßnahmen der Bundesregierung .......... 61
   b) Heilung des Mangels durch nachträgliche Zustimmung ...... 61
   c) Anfechtungsklage der Bundesregierung .................. 62
2. Nichtbeachtung der gesetzlichen Anforderungen an die Geldnoten 63
   a) Keine Möglichkeit für Maßnahmen der Bundesregierung ...... 63
   b) Rechte und Rechtsschutz des Geldnoteninhabers .......... 63
      aa) Keine Anfechtungsklage ............................. 63
      bb) Anspruch auf Ersetzung ............................. 64

II. Verletzung der Unterhaltungspflicht ........................... 64
1. Anspruch auf Ersetzung .................................... 64
2. Verwaltungsgerichtliche Leistungsklage ..................... 64

III. Der rechtswidrige Aufruf zur Einziehung (rechtswidrige Entwidmung) 65
1. Anfechtungsklage der Bundesregierung ..................... 65
2. Anfechtungsklage des Inhabers der aufgerufenen Geldnoten .... 65

*§ 9 Die Notenausgabe durch Unbefugte* ............................. 67

I. Entwendung aus der Notendruckerei ........................... 67

        1. Keine Geldqualität der Noten bei Entwendung .................. 67
        2. Geldqualität durch In-Verkehr-Bringen der entwendeten Noten .. 68
    II. Wegnahme von Noten bei der Bundesbank vor deren Ausgabe ...... 70
    III. Diebstahl an aufgerufenen, bei der Bundesbank umgetauschten Geldnoten ........................................................ 70
    IV. Entwendung gebrauchsunfähiger Geldnoten bei der Bundesbank .... 71

**Zusammenfassung** 72

**Gesetzestexte** 73

**Literaturverzeichnis** 76

# Einleitung

## § 1 Ziel und Methode der Arbeit

I. Unter den der Bundesbank im Vierten Abschnitt des Bundesbankgesetzes (§§ 14—18) eingeräumten währungspolitischen Befugnissen steht an erster Stelle das Recht zur Notenausgabe. Es entspricht der Aufgabe der Bundesbank als „Währungs- und Notenbank" (Art. 88 GG). Diese Aufgabe ist in § 3 BBkG ausdrücklich dahingehend festgelegt, daß die Bundesbank mit Hilfe der währungspolitischen Befugnisse Währungssicherung zu betreiben hat, und zwar durch Lenkung des Zahlungsmittelumlaufs und der Kreditversorgung der Wirtschaft.

Aber das ist nicht die einzige Aufgabe der Bundesbank: nach § 3 BBkG hat sie auch für die bankmäßige Abwicklung des Zahlungsverkehrs zu sorgen. Die Bankgeschäfte, die sie zu diesem Zweck vornehmen darf, werden im Fünften Abschnitt des Bundesbankgesetzes (§§ 19—25) aufgezählt.

II. Wenn sich diese Arbeit mit der Notenausgabe der Bundesbank beschäftigt, so soll sie ein Versuch sein, eine Tätigkeit der Bundesbank, die nach der gesetzlichen Systematik dem ersten Aufgabengebiet zugeordnet ist, in Rechtsformen öffentlich- oder privatrechtlichen Handelns einzuordnen. Die gesetzliche Systematik gibt nicht von vornherein Aufschluß über die Zuordnung zum privaten oder öffentlichen Recht. Mit den währungspolitischen Befugnissen des Vierten Abschnittes einschließlich der Notenausgabe nimmt die Bundesbank als juristische Person des öffentlichen Rechts[1] eine öffentliche Aufgabe[2] wahr, und zwar mittels Lenkung der Wirtschaft. Das könnte den Schluß nahelegen, die Bundesbank handele bei Ausübung ihrer währungspolitischen Befugnisse auf dem Gebiet des öffentlichen Rechts.

---

[1] Vgl. § 2 BBkG. Die Frage, ob die Reichsbank eine juristische Person des öffentlichen oder privaten Rechts war, ist vom Bestehen der Reichsbank an streitig gewesen. § 12 I BankG vom 14. März 1875 (RGBl. S. 177) sprach von der „Eigenschaft einer juristischen Person". Hauptsächlich wegen der privaten Anteilseigner wurde sie z. B. von *Laband*, Das Staatsrecht des Deutschen Reiches, Bd. I, 5. Aufl., Tübingen 1909, § 29 IV (S. 253), als eine juristische Person des Privatrechts angesehen; ebenso, aber differenzierend: *O. Mayer*, Deutsches Verwaltungsrecht, Bd. II, 3. Aufl., München und Leipzig 1924, S. 251 f.; *Lotz*, Geschichte und Kritik des deutschen Bankgesetzes vom 14. März 1875, Leipzig 1888, S. 236, 240; negativ abgrenzend („kein verfas-

Die Bankgeschäfte des Fünften Abschnitts sind Privatrechtsgeschäfte[3], die auch alle übrigen Banken betreiben. Vergleicht man den Fünften Abschnitt mit der zweiten durch § 3 BBkG gestellten Aufgabe, so wird offenbar, daß die Geschäftstätigkeit nach dem Fünften Abschnitt größer ist als zum Zwecke der Zahlungsverkehrabwicklung erforderlich. Der Grund für diese Unstimmigkeit ist darin zu sehen, daß die Bundesbank ihre währungspolitischen Befugnisse zum großen Teil durch Gestaltung ihrer Bankgeschäfte ausübt[4], wie insbesondere die §§ 15 und 17 BBkG zeigen. Die generelle Zuordnung der Befugnisse des Vierten Abschnitts zum öffentlichen Recht ist daher zweifelhaft, wenn und soweit die Ausübung dieser Befugnisse gerade der Gestaltung und Vornahme von Bankgeschäften dient[5].

Nicht nur nach den §§ 15 und 17 BBkG, sondern auch bei der Notenausgabe nach § 14 BBkG verwirklicht die Bundesbank ihr währungspolitisches Handeln durch die Abwicklung von Privatrechtsgeschäften. Die Noten der Bundesbank gelangen durch Auszahlung an den Geschäftspartner in den Verkehr, also bei Erfüllung einer privatrechtlichen Verpflichtung. Aber das ist nur der eine Teil der Notenausgabe; der andere ist die Herstellung der Noten: auch hier läßt sich eine Zuordnung zum Privatrecht nicht ohne weiteres von der Hand weisen.

Ebensowenig wie die Gesetzessystematik kann das vorrechtliche Gesamtbild der deutschen Notenbank eine abschließende Lösung des Problems geben. Dazu müßte es historisch klar gezeichnet und bestimmt sein. Ein derartiges vorrechtliches Gesamtbild, das zu berücksichtigen

---

sungsmäßiges Organ des Reiches"): *Triepel*, Die Reichsaufsicht, Berlin 1917, S. 325, Fußn. 5.
Wegen der Organisation und Funktion wurde die Reichsbank aber überwiegend als juristische Person des öffentlichen Rechts betrachtet, so z. B. *J. Breit*, Bankgesetz, Berlin 1911, Vorbem. zu Tit. II, Anm. II, und § 12 Anm. I und II, sowie RGZ 15, 230 (236). Diese Ansicht setzte sich unter dem Bankgesetz vom 30. 8. 1924 (RGBl. II, S. 235) durch, vgl. *Neufeld*, Das Bankgesetz und das Privatnotenbankgesetz, Berlin 1925, BankG, § 1 Erl. 2; *Koch/Schacht*, Die Reichsgesetzgebung über das Münz- und Notenbankwesen, 7. Aufl., Berlin und Leipzig 1926, BankG, § 1 Anm. 7; *W. Jellinek*, Verwaltungsrecht, 3. Aufl., Berlin 1931, S. 179. Ausdrücklich im Gesetz als juristische Person des öffentlichen Rechts wurde die Reichsbank erstmals durch Art. 1 Nr. 1 des Gesetzes zur Neuregelung der Verhältnisse der Reichsbank und der Deutschen Reichsbahn vom 10. 2. 1937 (RGBl. II, S. 47) bezeichnet. Ebenso dann § 1 ReichsbankG vom 16. 6. 1939 (RGBl. I, S. 1015).

[2] Die Amtliche Begründung zum Entwurf eines Gesetzes über die Deutsche Bundesbank, BTDrS 2781 (2. WP) vom 18. 10. 1956, S. 30, spricht in diesem Zusammenhang von einer „hoheitlichen Aufgabe" der Bundesbank.

[3] *Beck*, Gesetz über die Deutsche Bundesbank, Mainz-Gonsenheim/Düsseldorf 1959, Vorbem. vor § 19 K 514.

[4] *Bettermann*, Gewerbefreiheit der öffentlichen Hand, Berliner Festschrift für E. Hirsch, Berlin 1968, S. 15/16.

[5] *Hahn*, Rechtsfragen der Diskontsatzfestsetzung, Karlsruhe 1966, S. 14.

## § 1 Ziel und Methode der Arbeit

wäre, gibt es aber nicht, weil sich sowohl die Aufgabe als auch Aufbau, Stellung und Handlungsformen der Zentralnotenbank im Laufe der Entwicklung von der Reichsbank zur Bundesbank derart geändert haben, daß nur noch äußerlich die gleiche Bank vorhanden ist[6].

In dieser Arbeit soll daher die Qualifikation der Notenausgabe nach der allgemeinen Abgrenzung von Privatrecht und öffentlichem Recht vorgenommen werden. Insbesondere ist es das Ziel der Arbeit, die Tätigkeit der Bundesbank, wenn sie öffentlich-rechtlicher Natur ist, in die allgemeinen Rechtsformen öffentlich-rechtlichen Handelns einzuordnen. Soweit Parallelen zur Münzausgabe nach dem Münzgesetz[7] bestehen, werden sie aufgezeigt und berücksichtigt.

---

[6] *Samm*, Die Stellung der Deutschen Bundesbank im Verfassungsgefüge, Berlin 1967, S. 176/177; a. M., allerdings nur zwecks Begründung der Zulässigkeit der Bundesbankunabhängigkeit, Amtliche Begründung BTDrS 2781, a.a.O., S. 25.
[7] Gesetz über die Ausprägung von Scheidemünzen vom 8. 7. 1950 (BGBl. 233).

*Erster Teil*

# Öffentlich-rechtliche Einordnung der Geldnoten und ihrer Ausgabe

## § 2 Gegenstand der Notenausgabe, § 14 BBkG

### I. Das Sachgeld als Teil der wirtschaftlichen Geldordnung

Die Bundesbank hat nach § 14 BBkG das ausschließliche Recht, Banknoten im Geltungsbereich des Bundesbankgesetzes auszugeben. Das Gesetz gibt der Bundesbank die Befugnis, „Geld" auszugeben. „Geld" im Sinne dieser Bestimmungen ist, wirtschaftlich gesehen, nur das Sachgeld. Ob die Bundesbank auch Buchgeld[1] in den Verkehr bringen darf und ob das Buchgeld Geld in juristischem Sinne ist, bedarf hier keiner Untersuchung. § 14 BBkG gibt der Bundesbank lediglich die Befugnis, Noten, d. h. Sachgeld, auszugeben.

### II. Zur Bedeutung von „Ausgabe" (§ 14 BBkG)

Um bestimmen zu können, welche rechtliche Befugnis sich unter dem Recht zur Notenausgabe, § 14 BBkG, verbirgt, müssen zunächst die tatsächlichen Vorgänge betrachtet und mit einem eindeutigen Begriff belegt werden.

Die Notenausgabe nach § 14 BBkG schließt zwei Vorgänge ein[2]. Die Bundesbank stellt Noten her und bringt sie durch Auszahlung an den Geschäftspartner in den Verkehr.

Das Münzgesetz trennt diese beiden Vorgänge scharf. Die Herstellung der Münzen ist Sache des Bundes[3], die Bundesbank bringt dagegen nach

---

[1] *Obst/Hintner*, Geld-, Bank- und Börsenwesen, 36. Aufl., Stuttgart 1967, S. 4 ff.; *Schmölders*, Geldpolitik, 2. Aufl., Tübingen 1968, S. 31 ff.

[2] Vgl. § 1 II EmissionsG = Zweites Gesetz zur Neuordnung des Geldwesens, Gesetz Nr. 62 des Amerik. und Brit. Kontrollgebiets sowie Verordnung Nr. 159 des Franz. Kontrollgebiets vom 20. 6. 1948 (WiGVBl. Beilage zu Nr. 15/1948, S. 11), aufgehoben durch § 43 I Nr. 3 BBkG.

[3] Verfassungsrechtliche Bedenken gegen diese Zuständigkeit der Bundes-

§ 8 I 1 MünzG die Münzen in den Verkehr[4]. Unter „Ausgabe" läßt sich demnach zweierlei verstehen:

1. Ausgabe als In-Verkehr-Bringen von Geld[5],
2. Ausgabe als Herstellung und In-Verkehr-Bringen von Geld[6].

Für die rechtliche Beurteilung der verschiedenen Tätigkeiten ist es erforderlich, jeweils einen Vorgang nur mit einem Begriff zu belegen. Was mit dem Begriff der Herstellung gemeint ist, ist eindeutig. Für den zweiten Vorgang läßt sich dagegen eine klare Bezeichnung nur schwer finden.

### 1. Ausgabe i. w. S. durch Herstellung und In-Verkehr-Bringen

Herstellung und In-Verkehr-Bringen zusammen gesehen sollen hier mit dem Begriff der Ausgabe im weiteren Sinne belegt werden.

### 2. Ausgabe i. e. S. durch In-Verkehr-Bringen im Unterschied zur Herstellung der Noten

Das In-Verkehr-Bringen allein ist die Ausgabe im engeren Sinne, die von der Herstellung zu trennen ist.

§ 14 BBkG handelt von der Ausgabe im engeren Sinne. Diese Bestimmung gibt der Bundesbank das Recht, Noten in den Verkehr zu bringen. Die Herstellung ist dagegen im Gegensatz zum Münzgesetz, das in den §§ 6 und 7 Vorschriften hinsichtlich der Herstellung von Münzen enthält, nicht geregelt; es wird vorausgesetzt, daß sich die Bundesbank die entsprechenden Notenscheine verschafft.

---

regierung an Stelle der Bundesbank haben *Maunz/Dürig/Herzog*, Grundgesetz, München 1968, Art. 88, Rdnr. 12.

[4] Nach § 1 EmissionsG, a.a.O., oblag der Bank deutscher Länder Herstellung und Ausgabe der Münzen; beides aufgehoben durch Gesetz Nr. 29 der AHK (AHKABl. Nr. 26, S. 470) zur Änderung des EmissionsG.

[5] So die h. M. zur Notenausgabe im Sinne des § 14 BBkG, vgl. *Spindler/Becker/Starke*, Die Deutsche Bundesbank, 3. Aufl., Stuttgart/Berlin/Köln/Mainz 1969, § 14 Anm. 1 I 3, Anm. 4 IV 1.

[6] So die h. M. zur Münzausgabe nach dem MünzG, vgl. *Könneker*, Deutsche Bundesbank, in: *Achterberg/Lanz*, Enzyklopädisches Lexikon für das Geld-, Bank- und Börsenwesen, 3. Aufl., Frankfurt 1967/8, Bd. I, S. 358 (363); anders die Amtliche Begründung zu § 8 MünzG, BTDrS 806 (2. WP) vom 29. 3. 1950, S. 5.

## § 3 Die Ausgabe i. e. S. (In-Verkehr-Bringen) als öffentlich-rechtliche Tätigkeit der Bundesbank

Bevor die Befugnis der Bundesbank zur Notenausgabe bestimmten Rechtformen zugeordnet werden kann, muß entschieden werden, welche Tätigkeit der Bundesbank dem öffentlichen Recht und welche dem Privatrecht zuzuordnen ist. Das zur Einordnung in das öffentliche Recht verwendete Schlagwort[1] vom „Notenregal" oder „Notenausgabemonopol"[2] hilft hierbei wenig. Es läßt nicht erkennen, welches Handeln mit dem Wort „Regal" oder „Monopol" gemeint ist: ob die Herstellung, die Ausgabe i. e. S. oder beides.

### I. Notenausgabe i. e. S. als öffentlich-rechtliches Handeln

Die Notenausgabe i. e. S., das In-Verkehr-Bringen von Noten, ist dann eine öffentlich-rechtliche Tätigkeit der Bundesbank, wenn sie damit einen Tatbestand verwirklicht, der so nur von Hoheitssubjekten verwirklicht werden kann, d. h. wenn diese Tätigkeit auf Normen zurückgeht, die nur einen Träger öffentlicher Gewalt berechtigen und verpflichten[3].

Mangels einer eindeutigen gesetzlichen Regelung wird die Untersuchung nur dahin gehen können, an Hand von Indizien einen Nachweis für öffentlich-rechtliches Handeln zu führen.

#### 1. Stellung, Aufgabe und währungspolitische Befugnisse der Bundesbank

Einen Hinweis auf öffentlich-rechtliches Handeln der Bundesbank bei der Notenausgabe gibt bereits die auf Art. 88 GG basierende Regelung des Bundesbankgesetzes hinsichtlich der Stellung, Aufgabe und währungspolitischen Befugnisse der Bundesbank.

Nach § 2 BBkG ist die Deutsche Bundesbank eine juristische Person des öffentlichen Rechts, der eine öffentliche Aufgabe übertragen ist, § 3, 1. Alt.BBkG. Durch die Bundesbank betreibt der Bund öffentliche Verwaltung. Die Bank ist ein Teil der Bundesverwaltung[4]: das ergibt

---
[1] *Maunz/Dürig/Herzog*, GG, Art. 88, Rdnr. 12.
[2] *Beck*, BBkG, § 14 K 338; *Kieschke*, Rechtsprobleme der Diskont- und Mindestreservesatzfestsetzung, Diss. Tübingen 1964, S. 8.
[3] *H. J. Wolff*, Verwaltungsrecht I, 7. Aufl., München 1968, § 22 II c.
[4] Wenn auch ministerialfrei, „unabhängig", § 12 Satz 2 BBkG. Diese Rege-

## § 3 Die Ausgabe i. e. S. als öffentl.-rechtl. Tätigkeit der Bundesbank

die Stellung des Art. 88 GG im VIII. Abschnitt des Grundgesetzes, der die Bundesbank der bundeseigenen Verwaltung zuordnet. Die Bundesbank hat als Teil der Bundesverwaltung die Währung zu sichern. Zur Erfüllung dieser Aufgabe sind der Bundesbank im Vierten Abschnitt

---

lung wird von der h. M. für verfassungsmäßig gehalten, vgl. Amtl. Begründung, BTDrS 2781, a.a.O., S. 25; *Beck*, BBkG. E 143 ff.; *Spindler/Becker/Starke*, Bundesbank, § 12 Anm. 3; *E. R. Huber*, Wirtschaftsverwaltungsrecht I, Tübingen 1953, § 9 III 1 c (S. 90); *Prost*, Das Gesetz über die Deutsche Bundesbank, NJW 1957, S. 1305 f.; *Twiehaus*, Die öffentlich-rechtlichen Kreditinstitute, Göttingen 1965, S. 103 ff.; neuestens: *Uhlenbruck*, Die verfassungsmäßige Unabhängigkeit der Deutschen Bundesbank und ihre Grenzen, München 1968, S. 22 ff. Bedenken erheben z. B. *Loening*, Der ministerialfreie Raum in der Staatsverwaltung, DVBl. 1954, S. 173 (S. 176 gegen *E. R. Huber*, a.a.O., S. 90); *Köttgen*, Der Einfluß des Bundes auf die deutsche Verwaltung und die Organisation der bundeseigenen Verwaltung, JöR 11 (1962), S. 280/1; *E. W. Böckenförde*, Die Organisationsgewalt im Bereich der Regierung, Berlin 1964, S. 198, sowie, wenn auch mehr aus Praktikabilitätsgründen, *Jecht*, Die öffentliche Anstalt, Berlin 1963, S. 96/7; *v. Eynern*, Die Unabhängigkeit der Notenbank, Berlin 1957, S. 29 ff.

Soweit die Unabhängigkeit der Bundesbank nicht nur für verfassungsrechtlich zulässig, sondern sogar für geboten gehalten wird (so z. B. *Uhlenbruck*, a.a.O., S. 26 ff.), beruht dies m. E. auf einer unzulässigen Überinterpretation des Art. 88 GG. Art. 88 GG sagt über die Unabhängigkeit der Bundesbank nichts aus (vgl. *Hettlage*, Die Finanzverfassung im Rahmen der Staatsverfassung, VVDStRL 14 [1956], S. 2, 8). Daher begegnet auch die Meinung, das GG lasse die Unabhängigkeit zu, angesichts der Rspr. BVerfGE 9, 268 (280 ff.); 22, 100 (113 f.) zur Regierungsverantwortung im demokratischen Rechtsstaat (Art. 28 I 1, Art. 20 GG) stärksten Bedenken. Wenn es dort heißt, „wesentliche Kompetenzen" dürften „der *Regierung* nicht entzogen und — innerhalb der Exekutive — auf unabhängige Stellen übertragen" werden (E 9, 280/1), „der Regierung" müßten „die Befugnisse erhalten bleiben, die erforderlich sind, damit sie selbständig und in eigener Verantwortung gegenüber Volk und Parlament ihre ‚Regierungs'-Funktion erfüllen kann" (S. 281), „der gesamten Staatstätigkeit eine bestimmte Richtung" geben und „für die Einhaltung dieser Linie durch die ihr unterstellten Instanzen" „sorgen" kann (S. 281 im Anschluß an *E. Kaufmann*, Die Grenzen der Verfassungsgerichtsbarkeit, VVDStRL 9 [1952], S. 1 [7]), so folgt dies aus dem Prinzip des demokratischen Rechtsstaats, bei dem die „selbständige politische Entscheidungsgewalt der Regierung, ihre Funktionsfähigkeit zur Erfüllung ihrer verfassungsmäßigen Aufgaben, ihre Sachverantwortung gegenüber Volk und Parlament" „zwingende Gebote" sind. Wesentliche Kompetenzen sind in diesem Sinne alle „Angelegenheiten von politischem Gewicht" (E 22, 113), d. h. die „Regierungsaufgaben, die wegen ihrer politischen Tragweite nicht generell der Regierungsverantwortung entzogen und auf Stellen übertragen werden dürfen, die von Regierung und Parlament unabhängig sind" ... (E 9, 282).

Zu diesen Angelegenheiten von politischem Gewicht dürfte auch die Währungspolitik gehören. Sie ist durch das Bundesbankgesetz fast vollständig der Bundesbank übertragen, die bei Ausübung dieser ihr übertragenen Befugnisse von den Weisungen der Bundesregierung unabhängig ist. Auch wenn diese Unabhängigkeit Grenzen hat (vgl. dazu *Uhlenbruck*, a.a.O., S. 54 ff.) und die Bundesregierung einen gewissen Einfluß auf die Personalverhältnisse der Bundesbank besitzt (vgl. § 7 III, IV, § 8 V, § 31 IV, VI BBkG), so kann von einer Regierungsverantwortlichkeit nicht die Rede sein, weil sich im Konfliktfall die Bundesregierung der Entscheidung der Bundesbank beugen muß (abwegig hier *Faber*, Wirtschaftsplanung und Bundesbankautonomie, Baden-Baden 1969, S. 36, 61, 73, der auf Grund des § 12 Satz 1 BBkG die Bundesbank — auch weisungsmäßig — den Entscheidungen der Bundes-

des Bundesbankgesetzes unter der Überschrift „Währungspolitische Befugnisse" besondere Rechte in deutlicher Trennung von ihren privatrechtlichen Geschäftsmöglichkeiten eingeräumt.

Entsprechend der Stellung, Organisationsform und Aufgabe der Bundesbank müßte die Bank bei Ausübung ihrer währungspolitischen Befugnisse öffentlich-rechtlich handeln. Tatsächlich ist ein Teil dieser Befugnisse eindeutig öffentlichen Rechts, so z. B. das Recht zur Festsetzung von Mindestreserven, § 16 BBkG[5], die Befugnisse im Rahmen der Einlagenpolitik, § 17 BBkG[6], und das Recht zu statistischen Erhebungen, § 18 BBkG[7]. Das legt nahe, auch die im Vierten Abschnitt an erster Stelle genannte Notenausgabe als öffentlich-rechtliche Tätigkeit der Bundesbank anzusehen[8]. Dabei spielt es keine Rolle, ob die Notenausgabe unmittelbar oder nur mittelbar der Steuerung der Währung dient[9]. Die übrigen währungspolitischen Befugnisse, insbesondere die Diskontsatzfestsetzung, erreichen ihre volle Wirkung auch nur dann, wenn sie alle zusammenwirken[10]. Die spezifische Wirkung des Notenausgaberechts besteht darin, daß es der Bundesbank unbeeinträchtigte und fortwährende Liquidität sichert[11] und damit währungspolitische Operationen jeglicher Art zu jeder Zeit ermöglicht.

### 2. Gesetzesbestimmungen hinsichtlich der DM-Noten und ihrer Ausgabe

Zu den gesetzessystematischen Erwägungen kommen die Regelungen hinsichtlich der Noten selbst hinzu. Die Noten der Bundesbank sind

---

regierung unterwerfen will, soweit es um die Verwirklichung der „Planzielbestimmungen" der Bundesregierung geht). In dieser Aufhebung der Entscheidungsgewalt und Verantwortlichkeit der Bundesregierung dürfte nach geltender Verfassungslage ein Verstoß gegen das Prinzip des demokratischen Rechtsstaats liegen (vgl. BVerfGE 9, 283), so neuerdings auch *Irrgang*, Die Rechtsnatur der Deutschen Bundesbank, Diss. Köln 1969, S. 71 ff., 97 ff.

[5] *Stern*, Umstrittene Maßnahmen der Bundesbank, JuS 1963, S. 68 (71); *Grenz*, Geldregal und Währungsverwaltung, Diss. Hamburg 1955, S. 192.

[6] *Spindler/Becker/Starke*, Bundesbank, § 17 Anm. 1 I 2.

[7] *Starke*, Das Gesetz über die Deutsche Bundesbank und seine wichtigsten öffentlich-rechtlichen Probleme, DöV 57, 606 (611); BVerfGE 14, 197 (218); *Reischauer/Kleinhans*, Kreditwesengesetz, Bd. I, Berlin 1963 ff., § 7 KWG, Rdnr. 4; *Grenz*, a.a.O., S. 221.

[8] So *Hahn*, Rechtsfragen ..., S. 22, generell für die Befugnisse des Vierten Abschnitts.

[9] *Duden*, Der Gestaltwandel des Geldes und seine rechtlichen Folgen, Karlsruhe 1968, S. 14, sieht das Recht zur Notenausgabe überhaupt nicht als währungspolitische Befugnis an; anders die h. M., z. B. *Beck*, BBkG, Vorbem. vor § 14 K 334; *Spindler/Becker/Starke*, Bundesbank, S. 53, § 14 Anm. 1 u. 5; den Charakter der Notenausgabebefugnis als *Lenkungs*instrument verneint *Voigt*, Die Währungsverwaltung der Deutschen Bundesbank, Diss. Göttingen 1969, S. 40 ff.

[10] *Hahn*, a.a.O., S. 23/4.

[11] *Spindler/Becker/Starke*, Bundesbank, § 14 Anm. 1 und S. 42; BTDrS 2781, a.a.O., S. 27; *Voigt*, a.a.O., S. 42.

das Währungsgeld der Bundesrepublik Deutschland, § 1 WährungsG[12]. Die von der Bundesbank ausgegebenen Noten sind gesetzliche Zahlungsmittel, § 14 I 3 BBkG, und nur die Bundesbank ist befugt, derartige Noten auszugeben, § 14 I 1 BBkG.

### a) Währungsgeld und gesetzliche Zahlungsmittel

Ihre Funktion als Währungsgeld und gesetzliche Zahlungsmittel teilen die Noten mit den Bundesmünzen, §§ 1 WährungsG, 2 MünzG. Noten und Münzen ist gemeinsam, daß sie selbst Träger ihres Wertes sind: nicht der Materialwert[13] oder ein sonstiger Wert, sondern der aufgedruckte Nennwert ist für den Zahlungsverkehr maßgeblich. Eine Einlösung ist nicht möglich, Noten und Münzen sind definitives Geld[14]. Weil sie gesetzliche Zahlungsmittel sind, ist für jedermann ihr Zwangskurs in Höhe des Nennwertes verbindlich; sie müssen von jedermann als Erfüllung für Geldverbindlichkeiten zum Nennwert angenommen werden, d. h. sie sind obligatorisches Geld[15].

Ein Unterschied besteht zwischen Noten und Münzen lediglich darin, daß Noten unbeschränkt, Münzen dagegen nur beschränkt gesetzliche Zahlungsmittel sind: Noten müssen zu jedem Betrag, Münzen als bedingt obligatorisches Geld nur bis zur Höhe von 20 DM bzw. 5 DM angenommen werden, § 3 MünzG[16].

Diese rechtliche Eigenschaft können Noten und Münzen nur vom Staat erhalten; er bestimmt durch seine Gesetzgebung, was Währungsgeld und gesetzliches Zahlungsmittel ist[17]. Nach Art. 73 Nr. 4 GG obliegt diese Gesetzgebung dem Bund, der sie durch den Erlaß des Währungs-, des Bundesbank- und des Münzgesetzes ausgeübt hat.

---

[12] Erstes Gesetz zur Neuordnung des Geldwesens (Währungsgesetz), Gesetz Nr. 61 des Amerik. und Brit. Kontrollgebiets sowie Verordnung Nr. 158 des Franz. Kontrollgebiets vom 20. 6. 1948 (WiGBl. Beilage Nr. 5/1948, S. 1); § 1 I 1 WährungsG: „Mit Wirkung vom 21. Juni 1948 gilt die Deutsche-Mark-Währung."
[13] Bei den Münzen beinhaltet das der Begriff „Scheidemünze", Amtl. Begründung BTDrS 806, a.a.O., S. 4; *Knapp*, Staatliche Theorie des Geldes, München und Leipzig 1923, S. 89: Scheidegeld ist das Geld, für dessen obligatorische oder fakultative Eigenschaft ein kritischer Betrag maßgebend ist.
[14] *Knapp*, a.a.O., S. 83 ff. (91).
[15] *Knapp*, a.a.O., S. 87; *Spindler/Becker/Starke*, Bundesbank, § 14 Anm. 3.
[16] Das ist der sog. kritische Betrag bei den Münzen, *Knapp*, a.a.O., S. 89, der allerdings nur für den allgemeinen Zahlungsverkehr gilt. Nach § 3 II MünzG haben die Bundes- und Landeskassen Münzen zu jedem Betrag in Zahlung zu nehmen oder in andere gesetzliche Zahlungsmittel umzutauschen.
[17] Über den theoretischen Unterschied zwischen Währungsgeld und gesetzlichem Zahlungsmittel vgl. *Badura*, Das Verwaltungsmonopol, Berlin 1963, S. 98/99.

Hinsichtlich der Notenausgabe ergibt sich somit nicht nur, daß die Noten von einem Hoheitssubjekt innerhalb der Bundesverwaltung zur Erfüllung seiner öffentlichen Aufgabe ausgegeben werden; die Ausgabe[18] schafft auch inländisches Währungsgeld, das gesetzliches Zahlungsmittel ist, und dieser Erfolg ist ebenfalls von hoheitlichem Handeln abhängig[19].

Deutet ein derartiges Ergebnis schon darauf hin, daß die Notenausgabe selbst als öffentlich-rechtliches Handeln angesehen werden muß[20], so bringt § 14 BBkG noch ein weiteres Argument.

### b) Das Ausgabe-„Monopol" der Bundesbank

Nach § 14 I 1 BBkG hat die Bundesbank das ausschließliche Recht, Noten auszugehen. Die Notenausgabe ist bei der Bundesbank als Träger öffentlicher Verwaltung monopolisiert.

Freilich sagt das nichts unmittelbar darüber aus, ob die Notenausgabe ein öffentlich-rechtlicher oder ein privatrechtlicher Akt der Bundesbank ist. Vielmehr muß geklärt werden, ob das Notenausgaberecht wirklich ein Monopol, d. h. Verwaltungsmonopol[21], ist oder nicht. Ist es ein Monopol, dann kann die auf Grund der Monopolstellung ausgeübte Notenausgabe sowohl öffentlich-rechtlicher wie privatrechtlicher Natur sein[22]. Ist es dagegen kein Monopol, so läßt sich daraus, daß es dennoch ausschließlich der Bundesbank als Subjekt öffentlicher Verwaltung zukommt, der Schluß ziehen, daß die Notenausgabe dem öffentlichen Recht zuzuordnen ist.

Der Begriff Monopol, insbesondere Finanzmonopol[23], charakterisiert den durch staatlichen Rechtsakt begründeten Ausschluß Privater von einer Tätigkeit zugunsten einer Konzentration beim Staat oder bei einem von ihm Beauftragten zur Verwirklichung eines bestimmten

---

[18] h. M. auf Grund des Wortlauts des § 14 BBkG, vgl. *Spindler/Becker/ Starke*, Bundesbank, § 14 Anm. 4 IV 1; *Fögen*, Geld- und Währungsrecht, München 1969, S. 21.

[19] *Grenz*, Geldregal ..., S. 35; *Badura*, a.a.O., S. 98.

[20] *Samm*, Stellung der Deutschen Bundesbank, S. 74 Fußn. 63; zweifelnd: *Duden*, Gestaltwandel ..., S. 15.

[21] Im Sinne von *Badura*, Verwaltungsmonopol, S. 38 ff., der zwischen wirtschaftlichen Monopolen einerseits und Verwaltungsmonopolen andererseits unterscheidet.

[22] *Badura*, a.a.O., S. 89; *E. R. Huber*, Wirtschaftsverwaltungsrecht I, S. 481 f.; *Siebert*, Privatrecht im Bereich öffentlicher Verwaltung, in: Festschrift für H. Niedermeyer, S. 215 (223/224); *Fleiner*, Institutionen des Deutschen Verwaltungsrechts, 8. Aufl., Tübingen 1928, S. 341 ff. (347).

[23] Daß auch die Finanzmonopole zu den Verwaltungsmonopolen zu rechnen sind, hat *Badura*, a.a.O., S. 90 f., nachgewiesen.

### § 3 Die Ausgabe i. e. S. als öffentl.-rechtl. Tätigkeit der Bundesbank

öffentlichen Zwecks[24]. Beim Finanzmonopol erfolgt der Ausschluß des freien Wettbewerbs hinsichtlich Herstellung und/oder Vertrieb einer Ware aus fiskalischen Gründen[25].

Vom Finanzmonopol, z. B. Salz- und Zündwarenmonopol, unterscheidet sich ein etwa gegebenes Notenausgabemonopol[26] oder Notenregal[27] der Bundesbank bereits deutlich durch das Objekt und den Zweck. Banknoten sind keine Ware[28], deren Herstellung und Vertrieb aus Einnahmegründen, d. h. zu Zwecken indirekter Besteuerung[29], bei der Bundesbank monopolisiert ist; die Noten sind vielmehr inländisches Währungsgeld, dessen Ausgabe der Schaffung, Erhaltung und Steuerung der Währung dient und das für jedermann ein gleichartiges, allgemein verwendbares und verbindliches Zahlungsmittel ist.

Aber auch mit den sonstigen Verwaltungsmonopolen ist das der Bundesbank ausschließlich zukommende Notenausgaberecht nur bedingt vergleichbar[30]. Mit einem Polizeimonopol, z. B. dem Feuerbestattungsmonopol, weist es kaum Ähnlichkeit auf. Eher wäre an ein Leistungsmonopol, vergleichbar der Bundespost, zu denken. Jedoch ist die Bundesbank kein Teil der Leistungsverwaltung[31]; ihre Aufgabe nach § 3 BBkG weist sie im wesentlichen in den Bereich der wirtschaftslenkenden Verwaltung[32]. Deshalb könnte sie mit dem Notenausgaberecht ein wirtschaftliches Lenkungsmonopol innehaben. Ein derartiges Monopol läge dann vor, wenn die Bundesbank selbst wirtschaften würde, nicht aber, wenn sie lediglich fremde, insbes. private Wirtschaften lenkt[33].

Die Bundesbank tritt zwar auch selbst wirtschaftend auf, wie die §§ 19 bis 25 BBkG zeigen, um dadurch Wirtschaftslenkung betreiben

---

[24] *Badura*, a.a.O., S. 86 und 95; *A. Merkl*, Allgemeines Verwaltungsrecht, Wien und Berlin 1927, S. 302.

[25] *H. Conrad*, Deutsche Rechtsgeschichte, Bd. II, Karlsruhe 1966, S. 254/55; *Badura*, a.a.O., S. 220.

[26] *Spindler/Becker/Starke*, Bundesbank, § 14 Anm. 1.

[27] *E. R. Huber*, Wirtschaftsverwaltungsrecht I, § 43 I 1 b aa, § 44 II 1 b.

[28] Im Gegensatz zu ausländischen Banknoten, *Nussbaum*, Das Geld in Theorie und Praxis des deutschen und ausländischen Rechts, Tübingen 1925, S. 42 f.

[29] *O. Mayer*, Deutsches Verwaltungsrecht, Bd. I, 3. Aufl., München und Leipzig 1924, S. 350; *W. Jellinek*, Verwaltungsrecht, S. 399.

[30] Zur Einteilung und den Beispielen vgl. *Badura*, a.a.O., S. 113, 135, 187.

[31] Obwohl sie auch derartige Aufgaben wahrnimmt, *Fögen*, Geld- und Währungsrecht, S. 70.

[32] *Rüfner*, Formen öffentlicher Verwaltung im Bereich der Wirtschaft, Berlin 1967, S. 176; *Badura*, Wirtschaftsverwaltungsrecht, in: *v. Münch*, Besonderes Verwaltungsrecht, Bad Homburg/Berlin/Zürich 1969, S. 233, 262.

[33] BVerwGE 3, 21 (24).

zu können. Das Notenausgaberecht liegt dabei jedoch noch im Vorfeld[34]: es ermöglicht, weil unbegrenzte Liquidität sichernd, der Bundesbank erst — zusammen mit den anderen währungspolitischen Befugnissen —, die Wirtschaft auch durch Teilnahme am Wirtschaftsgeschehen zu lenken. Somit ist die Notenausgabe nicht wirtschaftliche Ausübung eines Monopols; das in § 14 I 1 BBkG genannte Recht der Bundesbank zur Notenausgabe ist kein wirtschaftliches Lenkungsmonopol[35].

Wenn die Notenausgabe dennoch der Bundesbank als Träger öffentlicher Verwaltung ausschließlich obliegt, so ist dies im Zusammenhang mit den zuvor angeführten Kriterien wiederum ein Hinweis darauf, daß die Bundesbank mit der Notenausgabe Hoheitsfunktionen[36] ausübt.

### 3. Geschichtliche Entwicklung des Geldwesens

Vollendet wird das auf Grund der verschiedenen Indizien gefundene Bild, daß die Notenausgabe ein öffentlich-rechtliches Handeln der Bundesbank darstellt, durch das Ergebnis der geschichtlichen Entwicklung des Geldwesens. Die heute noch verwendeten Begriffe „Münzregal" und „Notenregal" bezeichnen eine bestimmte verfassungsgeschichtliche Entwicklung. Mag das Institut der Regalität für das gegenwärtige öffentliche Recht auch unverwendbar sein[37], so hat doch sein Ursprung beim Geldwesen, insbesondere hinsichtlich des Münzregals, noch Erkenntniswert.

Im mittelalterlichen Recht sind die Regalien sichtbares Zeichen für die sich entwickelnde Herrschaftsgewalt der Territorialherren. So wurde in der Goldenen Bulle des Jahres 1356 das Münzregal ausdrücklich als gesetzliches Vorrecht der Kurfürsten anerkannt[38]. Ohne im einzelnen auf die Münzgeschichte einzugehen, bleibt soviel festzuhalten, daß den Landesherren das ihnen verliehene Münzregal nicht nur die Prägung und Ausgabe von Münzen, sondern auch die Gesetzgebung und Gerichtsbarkeit hinsichtlich des Münzwesens einräumte[39]. Dabei blieb es auch, als sich die Auffassung vom Münzregal gewandelt hatte und es als ein Recht verstanden wurde, das den Landesherren Ein-

---

[34] Vgl. dazu *Voigt*, Währungsverwaltung ..., S. 40 ff.

[35] *Voigt*, a.a.O., S. 45, 195/96.

[36] *Samm*, Stellung der Deutschen Bundesbank, S. 74, spricht in diesem Zusammenhang von einer Ausschließlichkeitsbefugnis des Staates für die Notenausgabe als einer Tätigkeit, die „schon *ihrer Natur nach staatlich*" ist.

[37] *H. J. Wolff*, Verwaltungsrecht I, § 23 II a 3.

[38] *Balke/Boege/Kempe/Weschke*, Münzwesen, in: *Achterberg/Lanz*, Enzyklopädisches Lexikon ..., Bd. II, S. 1233, 1236; vgl. auch *Helfferich*, Das Geld, 6. Aufl., Leipzig 1923, S. 32.

[39] *H. Conrad*, Deutsche Rechtsgeschichte, Bd. I, 2. Aufl., Karlsruhe 1962, S. 272.

nahmen sicherte[40]. Daß der Ausdruck „Münzregal" weiter verwendet wurde, während sich langsam währungspolitische Erkenntnisse über das Münzwesen durchsetzten, zeigt, daß dieses Regal Teil der Herrschaftsgewalt, der Hoheitsgewalt[41] war; es war ein „Majestätsrecht"[42], in dem sich die eigene Staatsgewalt und Souveränität[43] der Landesstaaten manifestierte[44]. Hierauf beruhte die Münzfuß- und Münzsystempolitik der Länder. Die von ihnen ausgegebenen Münzen wurden ihre Währung[45]. Mit Bildung des Norddeutschen Bundes und des Deutschen Reiches übertrugen die Landesstaaten nicht ein „Münzregal" auf den neuen Gesamtstaat, sondern einen Teil ihrer eigenen Staatsgewalt.

Nur aus diesem Blickwinkel ist erklärlich, daß sich entsprechend zum Münzregal das „Notenregal" bildete. Es machte den staatlichen Anspruch deutlich, Notenausgabebefugnisse zu verleihen[46], solange die Notenausgabe als Bankgeschäft betrachtet wurde. Der Ausdruck mußte aber seinen Sinn verlieren, als der Staat selbst in Gestalt der Reichsbank Noten ausgab. Wenn dann vom „Notenhoheitsrecht" gesprochen wurde[47], so war gemeint, daß die Reichsbank mit der Notenausgabe Hoheitsfunktionen wahrnahm[48].

### 4. Ergebnis

Demnach ist die Notenausgabe dem öffentlichen Recht zuzuordnen. Gibt die Bundesbank Noten aus, so handelt sie öffentlich-rechtlich, nicht privatrechtlich. Durch die Ausgabe entsteht inländisches Währungsgeld, das gesetzliches Zahlungsmittel ist.

---

[40] *Franzke*, Geldhoheit und Währungssteuerung, Frankfurt/Main 1964, S. 65 ff.
[41] *L. v. Stein*, Handbuch der Verwaltungslehre, 3. Aufl., Stuttgart 1887, Erster Teil, S. 322.
[42] Pr. ALR, II. Teil, Titel 13, § 12.
[43] *Schaelchlin*, Das Geld als ökonomische und juristische Kategorie, Luzern 1949, S. 61.
[44] *E. R. Huber*, Wirtschaftsverwaltungsrecht, Bd. I, § 44 II 1 c; *Veit*, Grundriß der Währungspolitik, 3. Aufl., Frankfurt 1969, S. 179 ff. (180).
[45] Ein Überblick dazu findet sich bei *M. Wolff*, Das Geld, in: *Ehrenberg*, Handbuch der gesamten Handelsrechts, Bd. 4, I, Leipzig 1917, S. 595; zur geschichtlichen Entwicklung vgl. *Gerloff*, Die Entstehung des Geldes und die Anfänge des Geldwesens, 3. Aufl., Frankfurt a. M. 1947, S. 197 ff.
[46] *M. Wolff*, a.a.O., S. 597; *Badura*, Verwaltungsmonopol, S. 101.
[47] *J. Breit*, BankG, S. 44 und ausführlich § 1 Anm. II 1; vom „Notenhoheitsrecht" sprechen jetzt noch *Spindler/Becker/Starke*, Bundesbank, § 14 Anm. 1 I 1; ablehnend zu diesem Begriff: *Weiland*, Regelungskompetenzen der Deutschen Bundesbank unter besonderer Berücksichtigung zivilrechtlicher Fragen, Diss. Hamburg 1967, S. 3.
[48] Vgl. allgemein zum Begriff der Hoheitsrechte, *G. Jellinek*, Allgemeine Staatslehre, 3. Aufl., Berlin 1914 (Neudruck 1966), S. 598.

## II. Herstellung von Noten als privatrechtliches Handeln

Die Zuordnung der Notenausgabe zum öffentlichen Recht besagt nichts über die Qualifizierung der Notenherstellung. Vielmehr muß auch für die Notenherstellung nach den allgemeinen Kriterien festgestellt werden, ob sie als öffentlich- oder privatrechtliche Tätigkeit anzusehen ist.

### 1. Tatsächlicher Vorgang

Die Bundesbank stellt die von ihr ausgegebenen Noten nicht selbst her, sondern gibt die Herstellung bei den Notendruckereien[49] in Auftrag[50]. Die von diesen hergestellten Noten werden an die Bundesbankzentrale geliefert, die sie prüft und bis zur Verteilung an die Zweiganstalten, die die Noten ausgeben, verwahrt[51].

Diese Vorgänge sprechen weder dafür noch dagegen, daß die Bundesbank öffentlich-rechtlich tätig wird.

### 2. Möglichkeit der Herstellung durch Privatpersonen

Entscheidend ist vielmehr, daß Noten von Privatpersonen ebenso wie von Subjekten des öffentlichen Rechts hergestellt werden können[52], wie z. B. die Tätigkeit der Privatnotenbanken[53] im Deutschen Reich, die Aktiengesellschaften waren[54], zeigt[55]. Der Grund dafür, daß Privatpersonen ebenso Noten herstellen können, ist darin zu sehen, daß nicht die Herstellung, sondern erst die Ausgabe Währungsgeld, gesetzliche Zahlungsmittel schafft. Während die Ausgabe von Noten Ausübung öffentlicher Gewalt ist, läßt sich die Herstellung als industrielles Unternehmen bezeichnen, das der Staat, wenn er selbst Noten herstellt, als Fabrikant betreibt[56].

---

[49] Vor allem Bundesdruckerei Berlin und Bundesdruckerei Fechenheim/Frankfurt/M. sowie Giesecke & Devrient, München. Die Reichsbank ließ ihre Noten zeitweise ausschließlich in der Reichsdruckerei Berlin herstellen, *Koch/Schacht*, Münz- und Notenbankwesen, BankG, § 27 Anm. 5.

[50] Zum Verfahren im einzelnen: *Spindler/Becker/Starke*, Bundesbank, § 14 Anm. 4 IV 1.

[51] *Spindler/Becker/Starke*, a.a.O.

[52] *Grenz*, Geldregal . . ., S. 35.

[53] Insbesondere vor Erlaß des Privatnotenbankgesetzes vom 30. 8. 1924 (RGBl. S. 246).

[54] *Neufeld*, Das Bankgesetz . . ., PrivatnotenbankG, § 1 Erl. 1.

[55] *Neufeld*, a.a.O., Vorbem. vor § 1 PrivatnotenbankG; zwar kann man die Privatnotenbanken hinsichtlich der Notenausgabe als beliehene Unternehmer ansehen, aber eben nur hinsichtlich der *Ausgabe*, nicht hinsichtlich der Herstellung von Noten, wie der klare Wortlaut des § 1 II PrivatnotenbankG ergibt.

## § 3 Die Ausgabe i. e. S. als öffentl.-rechtl. Tätigkeit der Bundesbank

Folgerichtig ist allein die Herstellung von Noten durch Privatpersonen nicht mit Strafe bedroht. Erst wer unbefugt Noten ausgibt, § 35 BBkG, oder sie nachmacht, um sie als „echte", d. h. von staatlichen Stellen ausgebene[57], „zu gebrauchen oder sonst in Verkehr zu bringen", macht sich nach § 146 StGB strafbar.

Bei der Herstellung von Noten handelt die Bundesbank demnach auf dem Gebiet des Privatrechts. Läßt sie als der auf Grund der gesetzlichen Bestimmungen Ausgabeberechtigte Noten in fremden Druckereien herstellen, so werden die Druckereien auf Grund eines privatrechtlichen Werkvertrages[58] tätig.

---

[56] *Laband*, Das Staatsrecht des Deutschen Reiches, Bd. III, 5. Aufl., Tübingen 1913, S. 172; *Voigt*, Währungsverwaltung ..., S. 197; a. M. *M. Wolff*, Das Geld, S. 599, Fußn. 1.

[57] *Schönke/Schröder*, Strafgesetzbuch, 15. Aufl., München 1970, § 146, Rdnr. 2 a. E.; BGH JuS 70, 590 = NJW 70, 1331.

[58] *Grenz*, Geldregal ..., S. 177: Privatrechtlicher Werk- oder Werklieferungsvertrag.

## § 4 Einordnung der Notenausgabe in Rechtsformen öffentlich-rechtlichen Handelns

Die Erkenntnis, daß die Bundesbank durch die Notenausgabe Hoheitsfunktionen wahrnimmt, verhilft nicht zu einer Aussage darüber, in welche Rechtsformen öffentlich-rechtlichen Handelns sich die Ausübung dieser Hoheitsfunktionen einordnen läßt.

### I. „Besondere währungspolitische Befugnis" oder Rechtsverordnung?

Die Behauptung, die Notenausgabe sei eine „besondere währungspolitische Befugnis"[1], ist nur eine Umgehung des Problems. Ebenso verhält es sich mit der Aussage, die Notenausgabe sei auf keinen Fall als Rechtsverordnung anzusehen[2].

### II. Notenausgabe als Widmung der Noten zur öffentlichen Sache Geld

Zur Feststellung des rechtlichen Wesens der Notenausgabe ist es nötig, noch einmal ihr Ergebnis näher zu betrachten.

#### 1. Unterschied zu Buchgeld, zu von Privaten ausgegebenen Noten, unverzinslichen Inhaberschuldverschreibungen und sonstigen Wertpapieren

Die Noten als staatliches Sachgeld unterscheiden sich von anderen Zahlungsmitteln wie z. B. unverzinslichen Inhaberschuldverschreibungen und Buchgeld dadurch, daß im Zivilrecht ein gesetzlicher Annahmezwang besteht[3]. Nur die Zahlung in staatlichem (Sach-)Geld wird von

---

[1] BTDrS 2781, a.a.O. (§ 1 Fußn. 2), S. 27.

[2] So im Parallelfall der Banknoteneinziehung *Spindler/Becker/Starke*, Bundesbank, § 14 Anm. 4 IV 3; für einen Akt der Normsetzung hält die Notenausgabe *Lampe*, Die Unabhängigkeit der Deutschen Bundesbank, Diss. Mainz 1966, S. 55; *Voigt*, Währungsverwaltung ..., S. 197 ff., mißt ohne Begründung der Notenausgabe überhaupt keinen rechtlichen Charakter bei, sondern hält sie für einen „typisch kassentechnischen Vorgang", während die Bekanntgabe der Stückelung und Unterscheidungsmerkmale den Noten konstitutiv (anders bei der Diskontveröffentlichung, S. 149) die Eigenschaft des Währungsgeldes und gesetzlichen Zahlungsmittels geben und demgemäß eine Rechtsverordnung darstellen soll, zu deren Erlaß die Bundesbank angeblich auf Grund des Art. 88 GG ermächtigt ist (S. 146 ff.).

[3] *Simitis*, Bemerkungen zur rechtlichen Sonderstellung des Geldes, AcP 159 (1960), S. 406 (426).

## § 4 Einordnung der Ausgabe in Rechtsformen öffentl.-rechtl. Handelns

der Rechtsprechung als Schulderfüllung angesehen[4]. Der Gläubiger muß das Erfüllungsangebot in staatlichem Geld annehmen, wenn er nicht in Verzug geraten will.

Andererseits aber ist das staatliche Geld im zivilrechtlichen Sachenrecht mit Inhaberschuldverschreibungen gleichgestellt, § 935 Abs. 2 BGB. Im Strafrecht unterliegt zwar das vom Staat ausgegebene, „echte" Geld besonderem Schutz, §§ 146 ff. StGB, aber auch hier ist der Schutz geldähnlicher Papiere angeglichen, § 149 StGB. Der entscheidende Unterschied[5] zu anderen Zahlungsmitteln verbirgt sich hinter einer anderen Tatsache. Das staatliche Geld ist durch Staatsakt entstanden und besitzt den höchsten Grad an Abstraktheit, der möglich ist[6]. Geld dieser Art, mit dieser Abstraktheit kann nur der Staat ausgeben.

### a) Fehlen einer Forderung beim Notengeld

Buchgeld ist an eine bestimmte Kreditanstalt und an einen bestimmten Personenkreis gebunden[7], wodurch es an Abstraktheit und Fungibilität dem staatlichen Sachgeld nachsteht. Wegen seiner Bindungen wird es daher als Forderung angesehen[8]. Im Unterschied zu von Privaten ausgegebenen Noten, die als unverzinsliche Inhaberschuldverschreibungen zu verstehen sind[9], enthält das staatliche Notengeld kein Zahlungsversprechen und keinen Einlösungsanspruch[10]. Weder gegenüber der Bundesbank, die die Noten ausgibt, noch sonst jemandem gegenüber besteht aus den DM-Noten eine Forderung[11]. Es kann keine Einlösung, wie früher einmal[12], in gesetzliches Währungsgeld verlangt werden, weil die Noten selbst das gesetzliche Währungsgeld sind. Die DM-Noten geben auch keinen Anspruch auf Einlösung in Gold[13]. Dem

---

[4] Vgl. die Zusammenstellung bei *Baumbach/Duden*, Handelsgesetzbuch, 18. Aufl., München 1968, Anh. I zu § 406 HGB, Erl. 2 J.

[5] Das übersieht *Jung*, Das privatrechtliche Wesen des Geldes, Marburg 1926, S. 6, 21 f., wenn er meint, „das juristisch wesentliche am Geld ist ... der *privatrechtliche Annahmezwang*".

[6] *Simitis*, a.a.O., S. 433; *Helfferich*, Das Geld, S. 78.

[7] *Simitis*, a.a.O.

[8] BGH JZ 53, 469 (470).

[9] *Koch/Schacht*, Münz- und Notenbankwesen, BankG, § 3 Anm. 1; *Knies*, Das Geld, 2. Aufl., Berlin 1885, S. 253.

[10] *Spindler/Becker/Starke*, Bundesbank, § 14 Anm. 2 II; für die Reichsbanknoten: *Koch/Schacht*, a.a.O., BankG, § 3 Anm. 1; *Nussbaum*, Das Geld..., S. 28.

[11] *Spindler/Becker/Starke*, a.a.O.

[12] Vgl. dazu *Koch/Schacht*, a.a.O., sowie *Gerber*, Geld und Staat, Jena 1926, S. 13 ff.

[13] Anders noch § 31 Satz 2 Nr. 1 BankG vom 30. 8. 1924 (RGBl. II, S. 235), der allerdings durch § 52 BankG suspendiert war.

Recht am Papier folgt kein Recht aus dem Papier; die DM-Noten verbriefen kein Recht des Inhabers.

### b) Ungeeignetheit des Forderungs- und Schuldbegriffs zur Erklärung des Notengeldes

Zu Recht ist hinsichtlich der Geldnoten festgestellt worden, daß sie keine Inhaberschuldverschreibungen im Sinne der §§ 793 ff. BGB sind[14]. Noch weniger ist daran zu denken, sie mit Wechseln oder Schecks gleichzusetzen, die in weit stärkerem Maße von einer abstrakten Verkörperung des bezifferten Wertes entfernt sind[15]. Mindestens seit die Geldnoten überhaupt nicht in andere Werte einlösbar sind[16], paßt der Forderungs- und Schuldbegriff nicht mehr für sie[17].

Dem widerspricht es scheinbar, wenn der Notenumlauf im Monatsausweis der Bundesbank auf der Passivseite erscheint, § 28 BBkG[18]. Immerhin könnte das die Vermutung nahelegen, die DM-Noten zeugten von einer Schuldverpflichtung der Bundesbank[19], z. B. der Art, daß diese Schuldverpflichtung unverzinslich und die Leistungspflicht bis zur Auflösung der Bundesbank gesetzlich gesperrt wäre. Gegen eine solche Annahme spricht jedoch der Grund für den Passivausweis, der den Umlauf insgesamt betrifft. Die Noten werden von der Bundesbank bei Abwicklung ihrer privatrechtlichen Geschäfte ausgegeben; mit ihnen erfüllt die Bank eine privatrechtliche Verpflichtung. Dementsprechend muß die Bundesbank eine Gegenleistung erbringen, wenn sie im Umlauf befindliche Noten zurückerhält; jede Verkleinerung des

---

[14] RGSt. 58, 255 (256); RGZ 103, 231 (235); 114, 27 (30); 125, 273 (276); *G. Kuhn*, in: *Reichsgerichtsrätekommentar* zum BGB, II. Bd., 2. Teil, 11. Aufl., Berlin 1960, Vorbem. zu § 793 Anm. 4 und § 793 Anm. 4; *A. Hueck*, Recht der Wertpapiere, 10. Aufl., Berlin und Frankfurt a. M. 1967, S. 115.

[15] *Kaser*, Das Geld im Sachenrecht, AcP 143 (1937), S. 8; *Nussbaum*, Das Geld ..., S. 8.

[16] Seit der Aufhebung der Einlösungspflicht durch § 2 des Gesetzes betreffend die Reichskassenscheine und die Banknoten vom 4. 8. 1914 (RGBl. S. 347); vgl. dazu auch § 1 des Gesetzes betreffend die Änderung des Bankgesetzes vom 4. 8. 1914 (RGBl. S. 327), der die Steuerpflicht der Reichsbank für Banknoten nach den §§ 9, 10 BankG vom 14. 3. 1875 (RGBl. S. 177) beseitigte; außerdem: *Förster*, Das Bankgesetz und das Münzgesetz, Berlin 1934, S. 17.

[17] *Duden*, Gestaltwandel ..., S. 7; *Reinhardt*, Vom Wesen des Geldes und seiner Einfügung in die Güterordnung des Privatrechts, Festschrift für Gustav Boehmer, Bonn 1954, S. 60 (63).

[18] Vgl. Geschäftsbericht der Deutschen Bundesbank für das Jahr 1968, S. 137/138 und 153.

[19] Dann wären die Noten als eine Art Inhaberschuldverschreibung zu verstehen — eine Auffassung, die früher nach dem BankG von 1875 für die Reichsbanknoten vertreten wurde, vgl. *Koch/Schacht*, Münz- und Notenbankwesen, BankG, § 3 Anm. 1.

§ 4 Einordnung der Ausgabe in Rechtsformen öffentl.-rechtl. Handelns 31

Notenumlaufs bedingt eine Leistung der Bundesbank, d. h. eine Minderung ihrer Aktiva.

Daß dies der alleinige Grund für den Passivausweis des Notenumlaufs ist, zeigt der Vergleich mit den Scheidemünzen. Die Münzen erscheinen im Aktivausweis, und zwar der bei der Bundesbank in Reserve gehaltene Bestand[20]. Die in Reserve gehaltenen Münzen hat die Bundesbank dem Bund bezahlt, § 8 I 2 MünzG, sie zählen demnach zu ihren Aktiva. Aus dem Münzenumlauf erhaltene Münzen kann die Bundesbank beim Bund in Noten einwechseln oder in Zahlung geben, § 3 II MünzG; die umlaufenden Münzen gehören daher nicht zu den Passiva.

Der Passivausweis des Notenumlaufs weist also nicht darauf hin, daß die Noten für eine Schuldverpflichtung der Bundesbank stehen[21], sondern hat seine Berechtigung darin, daß jede Verkleinerung des Notenumlaufs eine Minderung der Aktiva der Bundesbank mit sich bringt.

Daher gibt es keinen Anlaß, den Forderungs- und Schuldbegriff auf die DM-Noten anzuwenden. Daraus ist die Konsequenz zu ziehen, daß die Noten nicht nur nicht als privatrechtliche Schuldverschreibung oder ähnliches anzusehen sind, sondern daß auch eine Transformierung des Begriffs der Schuldverschreibung wie überhaupt des privatrechtlichen Forderungs- und Schuldbegriffs in das öffentliche Recht der Bundesbank-Geldnoten nicht möglich ist.

*c) Ergebnis*

Somit ist der Schluß zu ziehen, daß sich die DM-Noten zu sehr von den Rechtsinstituten des Privatrechts unterscheiden, als daß diese in irgendeiner Weise auf sie angewandt werden könnten.

**2. Das Notengeld als öffentliche Sache**

Versagt die Anwendung dieser Rechtsinstitute auf die DM-Noten, so kann man es einmal dabei belassen, die Noten als Sonderobjekte des Rechts zu betrachten und in der Hauptsache auf ihre Funktion abzustellen. Sie sind dann zu sehen als durch Staatsakt entstandenes Geld, das abstrakte Vermögensmacht[22], Zahlkraft, Kaufkraft verkörpert[23].

---

[20] *Spindler/Becker/Starke*, Bundesbank, § 28 Anm. 2 II 5.
[21] *Fögen*, Geld- und Währungsrecht, S. 18.
[22] *Simitis*, Bemerkungen ..., S. 415, 430; *M. Wolff*, Das Geld, S. 569.
[23] Nominalistische Theorie des Geldes im Gegensatz zur überholten metallistischen Theorie. Zu beiden sowie zu den Unterarten der nominalistischen Theorie, vgl. *Grenz*, Geldregal ..., S. 6 ff.

Zum anderen kann man sich auch darauf beschränken, beim Geldcharakter der Noten herauszustellen, daß sie diesen nur kraft öffentlich-rechtlichen Handelns erhalten. Das führt dazu, die Noten als öffentlich-rechtlichen Begriff des Privatrechts[24] oder als öffentlich-rechtliche Geldzeichen[25] anzusehen.

Beide Deutungen befriedigen wenig. Berücksichtigt die eine zu wenig, daß die Noten durch staatliches Handeln geschaffenes Währungsgeld und gesetzliche Zahlungsmittel sind, so gibt die andere keinen Aufschluß darüber, welche Funktion die Noten als Geld haben. Beiden ist gemeinsam, daß sie zwar die Noten als (Sach-)Geld verstehen, aber nicht sagen, was (Sach-)Geld ist, sondern den Begriff voraussetzen. Schließlich übergehen beide folgendes: Obwohl die DM-Noten als staatliches Geld abstrakt sind, werden sie von jedermann als allgemeines Zahlungsmittel — unabhängig vom Annahmezwang[26] — anerkannt und benutzt sowie anders als alle anderen privatrechtlichen Papiere oder Sachen behandelt. Das hat seinen Grund darin, daß das staatliche Geld als Sache des Gemeinwesens empfunden wird, so wie auch das staatliche Geldwesen dem Gemeininteresse dient[27].

Ein Rechtsinstitut, das dem Wesen der DM-Noten gerecht würde, müßte demnach von ihrem Geldcharakter ausgehen; es müßte aufzeigen, daß das Sachgeld durch öffentlich-rechtliches Handeln entsteht und bestimmte öffentliche Zwecke erfüllt. Drei Gesichtspunkte sind demgemäß entscheidend:

1. Noten sind zunächst nur bedruckte Papierscheine. Durch öffentlich-rechtliches Handeln erhalten sie einen bestimmten Verwendungszweck. Sie werden zu Geld, d. h. eine bestimmungsgemäße Funktion überlagert ihren stofflichen Charakter.
2. Einen derartigen Verwendungszweck kann ihnen nur öffentlich-rechtliches Handeln geben.
3. Als staatliches Sachgeld dienen die Noten dem Gemeininteresse. Sie stehen jedermann ohne besondere Zulassung zur bestimmungs-

---

[24] *Frauenfelder*, Das Geld als allgemeiner Rechtsbegriff, Bern 1938, S. 82 ff.
[25] *Beck*, BundesbankG, § 14 K 349, *Spindler/Becker/Starke*, Bundesbank, § 14 Anm. 2.
[26] Ein Beispiel hierfür ist die (seit 1930 uneinlösbare) Rentenmark aufgrund der VO über die Errichtung einer Deutschen Rentenbank vom 15. 10. 1923 (RGBl. I, S. 963), die nie gesetzliches Zahlungsmittel war und die nach § 14 III der VO lediglich die öffentlichen Kassen anzunehmen hatten; vgl. dazu auch *Reinhardt*, Vom Wesen ..., S. 68 f. Auch die Reichsbanknoten wurden erst durch Art. 3 des Reichsgesetzes vom 1. Juni 1909 betr. die Änderung des Bankgesetzes (RGBl. S. 515) zu gesetzlichen Zahlungsmitteln und unterlagen erst damit dem Annahmezwang.
[27] *Franzke*, Geldhoheit ..., S. 69; *Badura*, Verwaltungsmonopol, S. 106; *Grenz*, Geldregal ..., S. 247 ff.

## § 4 Einordnung der Ausgabe in Rechtsformen öffentl.-rechtl. Handelns

gemäßen Benutzung, d. h. zur Benutzung als allgemein verwendbares und verbindliches Mittel, dem Vermögensmacht innewohnt, zur Verfügung.

Ein Rechtsinstitut, das von gleichartigen Voraussetzungen ausgeht, ist im öffentlichen Recht bereits bekannt. Es ist die „öffentliche Sache im Gemeingebrauch"[28]. Da beim staatlichen Notengeld ebensolche Merkmale vorhanden sind, erscheint es möglich, das Notengeld gleichzustellen und als öffentliche Sache anzusehen.

Daß bei den Münzen nicht anders zu verfahren ist, ergibt sich aus ihrer mit den Noten weitgehend übereinstimmenden Funktion. Die zum Notengeld angestellten Erwägungen gelten daher auch für das Münzgeld.

### a) Vom Regal zur öffentlichen Sache

Es wurde schon berichtet, daß und wie sich das Notengeldwesen aus dem Münz- und Notenregal entwickelt hat. Regalien bestanden im deutsch-rechtlichen Rechtskreis auch für Straßen[29] und Gewässer[29]. Diese Regalität hat sich zum Recht der öffentlichen Sachen im Gemeingebrauch entwickelt[30]. Es liegt nahe, diese Entwicklung auch beim Geld-„Regal" als abgeschlossen zu betrachten[31], nachdem Geldnoten und -münzen den Grad totaler Abstraktheit erreicht haben[32] und auf Rechtsinstituten des Privatrechts basierende Erklärungen versagen.

Um das staatliche Sachgeld als öffentliche Sache qualifizieren zu können, müssen aber nicht nur gleichartige Voraussetzungen wie bei anderen öffentlichen Sachen vorliegen, sondern das Recht der öffentlichen Sache im Gemeingebrauch muß auch dem Sinne nach und in allen wesentlichen Punkten passen.

### b) Der gegenwärtige Begriff der öffentlichen Sache im Gemeingebrauch

Kennzeichend für den gegenwärtigen Begriff der öffentlichen Sache im Gemeingebrauch ist die zu öffentlichen Zwecken erfolgende Über-

---

[28] *H. J. Wolff*, Verwaltungsrecht I, § 55 II u. III b 2; *Forsthoff*, Lehrbuch des Verwaltungsrechts, Bd. I (Allgemeiner Teil), 9. Aufl., München und Berlin 1966, S. 347 ff., S. 360 ff.
[29] Pr. ALR, II. Teil, 15. Titel: Von den Rechten und Regalien des Staates in Ansehung der Landstraßen, Ströme ...
[30] *Stern*, Die öffentliche Sache, in: *Kunst/Grundmann/Schneemelcher/Herzog*, Evangelisches Staatslexikon, 1. Aufl., Stuttgart 1966, S. 1890; *Badura*, Verwaltungsmonopol, S. 69; *Grenz*, Geldregal ..., S. 61 f.
[31] Auch wenn das Straßenregal und das Münzregal verschiedenen Ursprungs sind, vgl. *Badura*, Verwaltungsmonopol, S. 46/47.
[32] Seit dem Gesetz, betreffend die Reichskassenscheine und Banknoten, vom 4. 8. 1914 (RGBl. S. 347), das jede Einlösungspflicht beseitigte durch seinen § 2.

lagerung[33] der privatrechtlichen Sachherrschaft mit einer besonders gearteten öffentlich-rechtlichen Sachherrschaft[34] begrenzteren Inhalts[35], die die öffentlich-rechtlichen Pflichten und Rechte in Ansehung der Sache, insbesondere die Benutzung der Sache durch jedermann, regelt. Diese Überlagerung kann verschieden stark sein, aber nicht soweit gehen, daß zwei umfassende Vollherrschaften bestehen[36]. Soweit die öffentlich-rechtliche Sachherrschaft reicht, treten die Privatrechte dahinter zurück[37]. Das Recht der öffentlichen Sache im Gemeingebrauch beruht demnach auf der Theorie des modifizierten Privateigentums[38]. Nicht durchgesetzt hat sich dagegen die Konstruktion des öffentlichen Eigentums[39].

Geht man von diesem Stand aus, so läßt sich das staatliche Sachgeld in den äußeren Rahmen einfügen. Noten und Münzen unterliegen insofern dem Privatrecht, als Eigentum und Besitz an ihnen bestehen und übertragen werden können. Das Privatrecht wird von öffentlich- rechtlichen Vorschriften überlagert. Nicht nur die Ausgabe von Noten und Münzen mit allen sich daraus ergebenden obengenannten Konsequenzen richtet sich nach öffentlichem Recht, sondern auch die Außer-Kurs-Setzung, die mit einer Neuausgabe verbunden ist, § 14 II BBkG, § 10 MünzG. Ebenso sind die Bestimmungen über die Eintauschpflicht bei Abnutzung des Geldes, § 14 III BBkG, §§ 9, 4 MünzG, dem öffentlichen Recht zuzurechnen, weil sie mit der Ausgabe zusammenhängen und eine sich daraus ergebende Pflicht der Bundesbank normieren. Schließlich zählen hierher auch die Bestimmungen des § 38 V 2 BBkG und des § 11 MünzG, die für die von der Bank deutscher Länder ausgegebenen Geldnoten und -münzen die Bundesbank bzw. den Bund als Nachfolger mit allen Rechten und Pflichten bestimmen, sowie die Regelung der §§ 36, 37 BBkG, welche die Bundesbank als Schutzherren der Geldnoten und -münzen ausgeben, indem sie ihr das Anhalten, die Begutachtung und die Aufbewahrung von Falschgeld anvertrauen.

Die Rechtslage beim staatlichen Sachgeld entspricht insoweit also durchaus der Konstruktion des modifizierten Privateigentums.

---

[33] *H. J. Wolff*, Verwaltungsrecht I, § 57 I a 2.
[34] *Maunz*, Hauptprobleme des öffentlichen Sachenrechts, München/Berlin/Leipzig 1933, S. 194 ff. (224 ff.).
[35] BGHZ 9, 373 (382); *Forsthoff*, Verwaltungsrecht, S. 350/351.
[36] BGHZ 9, 382.
[37] BGHZ 9, 383; *H. J. Wolff*, a.a.O. und § 57 II b 1; *Peters*, Lehrbuch der Verwaltung, Berlin/Göttingen/Heidelberg 1949, S. 209.
[38] *H. J. Wolff*, Verwaltungsrecht I, § 57 I a.
[39] So *O. Mayer*, Deutsches Verwaltungsrecht II, S. 40 ff.; eine Übersicht über den Stand von Lehre, Rechtsprechung und Gesetzgebung findet sich bei *Wittig*, Das öffentliche Eigentum, DVBl. 1969, S. 680 ff.; vgl. auch *Woydt*, Das öffentliche Eigentum, Diss. München 1970, S. 126 ff., 151 ff.

### c) Öffentliche Sache als res extra commercium

Dennoch sind Unterschiede zwischen dem staatlichen Sachgeld und den bekannten öffentlichen Sachen nicht zu verkennen. Öffentliche Straßen z. B. sind als öffentliche Sachen im Zivilrecht faktisch res extra commercium. Das staatliche Geld dagegen ist eine res intra commercium. Während andere öffentliche Sachen relativ selten den Eigentümer wechseln, ist das bei Geld nicht nur die Regel, sondern Teil seiner spezifischen Funktion.

Allerdings gehört es nicht zum Wesen der öffentlichen Sachen, daß sie res extra commercium sind. Im Gegenteil, sie bleiben Objekte des Privatrechts, besonders des Privateigentums, und treten aus der Geltung des Zivilrechts nicht heraus[40]. Die Eigenschaft als öffentliche Sache hat lediglich zur Folge, daß privatrechtliche Verfügungen über die Sache nur insoweit möglich sind, als die öffentlich-rechtliche Zweckbindung dadurch nicht beeinträchtigt wird[41]. So wechseln die Bücher einer öffentlichen Bibliothek mit ihrer Ausleihe den Besitzer im Sinne des Zivilrechts. Und eine öffentliche Straße, die im Eigentum einer Privatperson steht, bleibt sehr wohl intra commercium. Noch stärker zeigt sich das bei dem vielbemühten Beispiel der Gras- und Obstnutzung in öffentlichen Parks und an öffentlichen Straßen[42].

In welchem Maße die Ausübung privatrechtlicher Befugnisse an einer öffentlichen Sache möglich ist, bleibt damit zwar von der öffentlich-rechtlichen Zweckbestimmung abhängig. Aber daraus ergibt sich zugleich, daß die öffentlich-rechtliche Zweckbindung so beschaffen sein kann, daß die öffentliche Sache voll intra commercium bleibt.

Der Annahme, staatliches Geld sei eine öffentliche Sache, steht also nicht der Umstand entgegen, daß das staatliche Geld keine res extra commercium ist.

### d) Benutzung als öffentliche Sache und privatrechtliche Verfügungsgewalt

Der zweite Umstand, der einer Qualifizierung des staatlichen Sachgeldes als öffentlicher Sache entgegenstehen könnte, ist die Tatsache, daß die Benutzung als Geld nur möglich ist, wenn gleichzeitig privatrechtliche Verfügungsgewalt besteht. Die Benutzung einer öffentlichen

---

[40] *Forsthoff*, Verwaltungsrecht, S. 350.
[41] *Hardinghaus*, Öffentliche Sachherrschaft und öffentliche Sachwaltung, Berlin 1966, S. 43; z. B. wird die Zulässigkeit der Übereignung öffentlicher Sachen, soweit die öffentlich-rechtliche Zweckbindung nicht entgegensteht, ausdrücklich von der Rechtsprechung bejaht, vgl. BGHZ 33, 320 und BGH DöV 1969, S. 434.
[42] *Forsthoff*, Verwaltungsrecht, S. 351/352.

Straße erfolgt dagegen in aller Regel, ohne daß der Benutzer Eigentum oder Besitz daran hat. Dies ist aber nicht dem Recht der öffentlichen Sachen im Gemeingebrauch immanent. Wie einerseits das gesamte öffentlich-rechtliche Rechtsverhältnis von privatrechtlichen Verhältnissen abhängen kann, z. B. bei Verwaltungsgebäuden vom zivilrechtlichen Besitz auf Grund eines Mietvertrages[43], so kann andererseits die Ausübung öffentlich-rechtlicher Rechtspositionen zugleich privatrechtliche Wirkung haben, z. B. bei der Ausleihe von Büchern aus einer öffentlichen Bibliothek[44], wo der Benutzer zivilrechtlichen Besitz erlangt. Beides ist darauf zurückzuführen, daß die öffentliche Sache trotz öffentlich-rechtlicher Bindungen Objekt des Privatrechts bleibt[45]. Deshalb ist es auch möglich, daß die öffentlich-rechtliche Ordnung einer öffentlichen Sache in der Weise beschaffen ist, daß ihre Benutzung als öffentliche Sache in privatrechtlichen Formen (ganz oder teilweise) erfolgt, wie es beim Geld geschieht. Wesentlich ist nur, daß die öffentlich-rechtlichen Rechtsvorschriften jedermann die Möglichkeit gleichartiger Benutzung eröffnen. Und das ist beim staatlichen Geld der Fall.

### e) Öffentliche Sache als Mittel der Konjunkturpolitik

Als letzter Punkt ist zu bedenken, ob es sich mit einem Status als öffentlicher Sache verträgt, daß das staatliche Geld von der Bundesbank zu Zwecken der Wirtschaftslenkung mit dem Ziel der Währungssicherung eingesetzt werden kann, § 3 BBkG, § 8 MünzG. Zwar ist die währungspolitische Wirkung der Notenausgabe, auch wenn die Noten den überwiegenden Teil des staatlichen Sachgeldes bilden[46], verhältnismäßig schwach[47], aber sie ist vorhanden und vom Bundesbankgesetz vorgesehen. Dennoch läßt sich das staatliche Sachgeld in die Reihe der öffentlichen Sachen einordnen. Ein Teil von ihnen hat einen Funktionswandel[48] durchgemacht, der sie in eine Rolle in der Wirtschaftspolitik, insbesondere in der Konjunkturpolitik hat hineinwachsen und zu einem Mittel der Konjunkturbeeinflussung hat werden lassen[49]. Demnach

---

[43] *Stürner*, Privatrechtliche Gestaltungsformen bei der Verwaltung öffentlicher Sachen, Tübingen 1969, S. 8/9.

[44] Ähnlich bei Überlassung einer Parkfläche an Unternehmer zur über den Gemeingebrauch hinausgehenden Sondernutzung, BGHZ 21, 319 (327 ff.).

[45] *H. J. Wolff*, Verwaltungsrecht I, § 57 I a 1; *Fleiner*, Institutionen ..., S. 358 f.

[46] *Beck*, BBkG, § 14 K 358.

[47] Vgl. o. § 3 I 1.

[48] *Salzwedel*, Gedanken zur Fortentwicklung des Rechts der öffentlichen Sachen, DöV 1963, S. 241.

[49] *Krüger*, VVDStRL 21, 240; a. M. *Stern*, Die öffentliche Sache, VVDStRL 21, 183 (215/216). Daß die öffentliche Sache in ihrem Kern Mittel der Daseinsvorsorge sein muß, betont zu Recht *Hardinghaus*, Öffentliche Sachherrschaft ..., S. 153 f., 119 ff.

§ 4 Einordnung der Ausgabe in Rechtsformen öffentl.-rechtl. Handelns 37

spricht die Möglichkeit, das staatliche Sachgeld wirtschaftslenkend einzusetzen, eher dafür als dagegen, es als öffentliche Sache anzusehen[50].

Die Rechtsfigur der öffentlichen Sache im Gemeingebrauch paßt also für das staatliche Sachgeld. Am Beispiel der DM-Noten sollen daher im folgenden die Zusammenhänge dargestellt werden.

### 3. Ausgabe der Noten als Widmung durch Verwaltungsakt

Zur öffentlichen Sache im Rechtssinne, deren Benutzung öffentlich-rechtlichen Vorschriften unterliegt[51], wird eine Sache nur durch einen Staatsakt. Dieser Staatsakt ist die Widmung[52]; denn Sachen erhalten nur durch die Widmung ihren Status als öffentliche Sachen[53]. Die Widmung kann durch Gesetz, sonstigen Rechtssatz oder Verwaltungsakt eines dazu ermächtigten Subjekts öffentlicher Verwaltung erfolgen[54]. Es soll der Nachweis geführt werden, daß die Noten auf Grund einer Widmung zur öffentlichen Sache Geld werden.

Da die von der Bundesbank hergestellten Noten erst nach ihrem In-Verkehr-Bringen staatliches Geld sind, muß der Akt der Widmung das In-Verkehr-Bringen, die Notenausgabe i. e. S. sein, sofern die Widmung nicht auf andere Weise erfolgt. Die Ausgabe muß daher alle Tatbestandsmerkmale und Rechtmäßigkeitsvoraussetzungen jeder Widmung erfüllen.

*a) Keine Widmung durch Bundesbankgesetz
oder sonstigen Rechtssatz*

Durch § 14 BBkG selbst werden die Noten nicht zu Geld gewidmet: § 14 BBkG verweist auf die Ausgabe; er sagt zwar nichts zum konkreten Fall der Ausgabe, bestimmt aber, daß bei Ausgabe durch die Bundesbank die Noten gesetzliche Zahlungsmittel sind, § 14 I 3 BBkG. Hinsichtlich der Ausgabe gibt § 14 BBkG der Bundesbank bestimmte Rechte und legt ihr bestimmte Pflichten auf. Ein sonstiger Rechtssatz, durch den die Widmung erfolgte, ist nicht ersichtlich. Die Widmung kann daher nur durch einen Verwaltungsakt vorgenommen werden, der in der Ausgabe der Noten zu sehen ist.

---

[50] Bedenken dagegen hat *Bettermann*, VVDStRL 21, 244.
[51] *H. J. Wolff*, Verwaltungsrecht I, § 55 II a.
[52] *H. J. Wolff*, a.a.O., § 56 I; vgl. hierzu die kritische Stellungnahme von *Woydt*, Das öffentliche Eigentum, S. 200 ff.
[53] *W. Weber*, Die öffentliche Sache, VVDStRL 21, 145 (169).
[54] *H. J. Wolff*, a.a.O., § 56 II; entgegen der h. M. läßt *Obermayer*, in: *Mang/Maunz/Mayer/Obermayer*, Staats- und Verwaltungsrecht in Bayern, 3. Aufl., München 1968, S. 183, 213, nicht die Widmung durch Verwaltungsakt zu, weil er den Begriff des dinglichen Verwaltungsakts ablehnt.

#### b) Bundesbank als widmendes Subjekt öffentlicher Verwaltung

Die Bundesbank als juristische Person des öffentlichen Rechts ist ein Subjekt öffentlicher Verwaltung, das durch § 14 I 1 BBkG zur Widmung (= Ausgabe) von Noten zu staatlichem Geld ermächtigt ist. Sie ist der öffentlich-rechtliche Sachherr, dessen Zweck (§ 3 BBkG) die Widmung dient und dem dabei bestimmte Pflichten (§ 14 II, §§ 36, 37 BBkG) und Aufgaben (§ 14 III, § 38 V 2 BBkG) obliegen.

#### c) Widmung durch Verwaltungsakt

Die Widmung erfolgt durch die Ausgabe. Indem die Bundesbank mit der Auszahlung an ihren Kassen[55] die Noten in den Verkehr bringt, äußert sie ihren Willen, daß die von ihr hergestellten Noten von dem Zeitpunkt der Auszahlung an Geld, gesetzliches Zahlungsmittel sein sollen. Die Ausgabe bestimmt die Eigenschaft der Note, sie regelt ihren öffentlich-rechtlichen Zustand. Sie ist damit ein dinglicher Verwaltungsakt, der auf die Sache selbst[56] gerichtet ist, nicht auf eine Person oder einen Personenkreis. Sie widmet die Note zu einer bestimmungsmäßigen öffentlichen Nutzung, der Nutzung als Geldnote, gesetzliches Zahlungsmittel. Als öffentlich-rechtliche Zustandsregelung bedeutet sie keine unmittelbare (transitive) Regelung des Verhaltens von Personen, wenngleich von ihren (intransitiven) Wirkungen jedermann betroffen ist, den es angeht[57]. Die Ausgabe ist daher ein widmender Verwaltungsakt[58], der sich unmittelbar auf die Noten selbst bezieht und mittelbar für alle gilt, die es angeht[59]. Dieser Verwaltungsakt ergeht stillschweigend[60] zusammen mit der tatsächlichen Indienststellung des Geldes, der Auszahlung.

#### d) Bekanntgabe

Da es sich bei der Widmung um einen formlosen Verwaltungsakt handelt, kann er niemandem förmlich zugestellt, bekanntgemacht werden. Das ist auch nicht nötig, weil niemand ein Interesse an der einzelnen Geldnote, sondern jeder nur ein Informationsbedürfnis hin-

---

[55] *Spindler/Becker/Starke*, Bundesbank, § 14 Anm. 1 I 3.

[56] *Forsthoff*, Verwaltungsrecht, S. 197, 355.

[57] *H. J. Wolff*, a.a.O., § 46 VIII; *Schallenberg*, Die Widmung, Stuttgart 1958, S. 76.

[58] Als Verwaltungsakt sieht die Notenausgabe auch *Fögen*, Geld- und Währungsrecht, S. 21, an; a. M. *Starke*, Das Gesetz über die Deutsche Bundesbank ..., DöV 1957, S. 606 (610).

[59] *H. J. Wolff*, Verwaltungsrecht I, § 56 II e 2.

[60] Vgl. dazu *Ehlers*, Der stillschweigende Verwaltungsakt, Kieler Diss., Bamberg 1970, S. 35 ff.

§ 4 Einordnung der Ausgabe in Rechtsformen öffentl.-rechtl. Handelns 39

sichtlich der gesamten Notenausgabe hat. Deshalb ist nicht eine förmliche öffentliche Zustellung entsprechend §§ 33 BBkG, § 15 VwZG erforderlich, sondern es reicht, daß irgendwie bekannt wird, z. B. auch durch Zeitung und Rundfunk, welche Noten die Bundesbank ausgibt, vgl. § 15 Bln VwVerfG. In dieser Weise ist § 14 I 5 BBkG zu verstehen, wenn er die Bundesbank zur öffentlichen Bekanntmachung verpflichtet[61].

*e) Rechtmäßigkeitsvoraussetzungen*

Weil die Bundesbank privatrechtliche Eigentümerin[62] der von ihr hergestellten Noten und — wie noch darzulegen — nach § 14 III BBkG Unterhaltspflichtige der von ihr ausgegebenen Geldnoten ist, sind bei der Widmung alle Rechtmäßigkeitsvoraussetzungen erfüllt[63].

*f) Ergebnis*

Damit ist an Hand der Notenausgabe der Nachweis geführt, daß die öffentliche Sache Notengeld durch eine Widmung im Wege des Verwaltungsakts entsteht, also eine öffentliche Sache im Rechtssinne ist.

---

[61] *Grenz*, Geldregal ..., S. 178: deklaratorische Bekanntgabe; a. M. *Voigt*, Währungsverwaltung ..., S. 197.
[62] Das ist eine allgemeine Rechtmäßigkeitsvoraussetzung einer jeden Widmung, vgl. § 2 II Bundesfernstraßengesetz.
[63] *H. J. Wolff*, a.a.O., § 56 IV.

## § 5 Die Widmung der Noten zu Geld in Form von unbeschränktem gesetzlichen Zahlungsmittel

### I. Umfang des Widmungsrechts, § 14 i. V. m. § 3 BBkG

Aus dem Bundesbankgesetz ergeben sich hinsichtlich der Widmung Voraussetzungen quantitativer Art. Zwar darf die Bundesbank nach § 14 BBkG in unbeschränkter Höhe[1] und für unbeschränkte Dauer[2] Noten ausgeben. Aber diese Ermächtigung ist in Zusammenhang mit der Aufgabe der Bundesbank aus § 3 BBkG zu sehen, wonach die währungspolitischen Befugnisse dem Ziel der Währungssicherung dienen sollen. Folglich darf die Bundesbank Noten nur in dem Maße ausgeben, wie es mit der Währungsstabilität vereinbar und ihr förderlich ist[3].

### II. Inhalt der Widmung

Wenn zuvor festgestellt wurde, daß durch die Widmung Geld als gesetzliches Zahlungsmittel entsteht, so bedarf das einer Präzisierung. An dieser Stelle ist noch genauer zu untersuchen, welchen Inhalt die Widmung hat, d. h. welchen öffentlichen Zweck sie bestimmt.

#### 1. Doppelfunktion der Widmung

Durch die Widmung sollen die Notenscheine zur öffentlichen Sache Notengeld werden. Die Frage ist also, wie die Widmung beschaffen sein muß, damit die Noten ihre Geldfunktion erhalten. § 14 BBkG sagt dazu nur sehr wenig; er bestimmt im wesentlichen nur, daß die von der Bundesbank ausgegebenen Noten das einzige unbeschränkte gesetzliche Zahlungsmittel sind, § 14 I 3 BBkG. Das aber ist keine Normierung ihrer Geldfunktion, sondern einer zusätzlichen Funktion des Noten-

---

[1] Eine Beschränkung durch eine gesetzliche Umlaufsgrenze sah noch bei der Bank deutscher Länder § 5 EmissionsG vor; die Beschränkung durch das Deckungsprinzip ist dagegen schon bei der BdL fortgefallen, vgl. für die frühere Rechtslage § 17 BankG 1875, §§ 28, 35 BankG 1924, § 21 RBkG 1939. Über den Sinn der Deckungspflicht findet sich eine gute Kurzbetrachtung bei *Höpker-Aschoff*, Geld und Währungen, Stuttgart 1948, S. 173 f.

[2] Die Reichsbank hatte nur für die Dauer von 50 Jahren das Recht, Noten auszugeben, § 2 BankG 1924.

[3] Ähnlich § 8 MünzG: Die Bundesmünzen werden von der Bundesbank „nach Maßgabe des Bedürfnisses" in den Verkehr gebracht.

## § 5 Die Widmung der Noten zu Geld in Form von gesetzl. Zahlungsmittel

geldes[4]. Die Eigenschaft als gesetzliches Zahlungsmittel hat die Wirkung, daß der Gläubiger die Befriedigung in gesetzlichem Zahlungsmittel verlangen kann[5] und daß er die Leistung in gesetzlichem Zahlungsmittel annehmen muß, wenn er nicht in Verzug geraten will[6]. Diese Eigenschaft kann dem Notengeld zuerkannt werden, sie muß es aber nicht. Auch ohne gesetzliches Zahlungsmittel zu sein, können die Noten Geld sein[7]. Und es ist nicht ausgeschlossen, daß bei einem einheitlichen Währungssystem, wie es heute besteht, der Zahlungsverkehr mit staatlichem Sachgeld, das nicht gesetzliches Zahlungsmittel ist, ebenso funktionierte, wie wenn dieses Geld gesetzliches Zahlungsmittel ist[8].

Auf jeden Fall zeigt § 14 BBkG, daß zwischen der Geldeigenschaft der Noten und ihrer Eigenschaft als gesetzlichem Zahlungsmittel zu unterscheiden ist. Es kann demnach von verschiedenen Voraussetzungen abhängen, ob die Noten zu Geld und ob sie zu gesetzlichen Zahlungsmitteln werden. Daraus ergibt sich zugleich ein Gesichtspunkt für den Inhalt der Widmung. Die Widmung hat eine Doppelfunktion: durch sie werden die Noten einmal zu Geld, zum anderen zu gesetzlichen Zahlungsmitteln.

Eine derartige Doppelfunktion findet sich keineswegs nur im Bundesbankgesetz und beim Notengeld. Im Recht der öffentlichen Straßen ist die Widmung mit Doppelfunktion[9] die Regel[10]: Die Widmung begründet dort die Eigenschaft als öffentliche Straße und stuft gleichzeitig die Straße in eine bestimmte (Straßen-)Klasse, deren Voraussetzungen gesetzlich festgelegt sind, ein. Nach dem Bundesfernstraßengesetz[11] z. B. wird eine Straße durch die Widmung zur öffentlichen Straße und gleichzeitig zur Bundesfernstraße (wobei noch die Einstufung zur einfachen Bundesstraße oder Bundesautobahn je nach den

---

[4] *Helfferich*, Das Geld, S. 345 ff.; *W. Jellinek*, Verwaltungsrecht, S. 229; *Grenz*, Geldregal ..., S. 29; *Reinhardt*, Vom Wesen ..., S. 68 f.; *Spindler/Becker/Starke*, Bundesbank, § 14 Anm. 4 IV 1; a. M. *Laband*, Staatsrecht ..., Bd. II, S. 176.

[5] *Franzke*, Geldhoheit ..., S. 105.

[6] *Enneccerus/Lehmann*, Recht der Schuldverhältnisse, 15. Aufl., Tübingen 1958, § 11 I 4 (S. 45).

[7] *Badura*, Verwaltungsmonopol, S. 102; Beispiel dafür ist die Rentenmark, vgl. oben § 4 Fußn. 26.

[8] *Franzke*, Geldhoheit ..., S. 105/106.

[9] *Zippelius*, Grundfragen des öffentlichen Sachenrechts und das Bayrische Straßen- und Wegegesetz, DöV 1958, S. 838 (843); *Marschall*, Bundesfernstraßengesetz, 2. Aufl., Köln/Berlin/Bonn/München 1963, § 2 Anm. 1 (S. 49/50).

[10] *Kodal*, Straßenrecht, 2. Aufl., München und Berlin 1964, S. 156: nur Berlin und Hamburg haben jede Klassifizierung aufgegeben und kennen nur noch „öffentliche Straßen bzw. Wege" (abgesehen von den Bundesfernstraßen).

[11] Bundesfernstraßengesetz vom 6. August 1961 (BGBl. I, S. 1742).

weiteren gesetzlichen Voraussetzungen[12] hinzukommt). Die Widmung zur öffentlichen Straße ist dabei nur rechtswirksam, wenn gleichzeitig die Einstufung in eine Straßenklasse erfolgt[13].

Die Widmung der Noten (und auch der Münzen) ist in gleicher Weise zu verstehen. Durch die Widmung erhalten die Noten (und Münzen) ihre Geldeigenschaft. Entsprechend zur öffentlichen Straße wird die tatsächliche Beschaffenheit des Geldes vom Gesetz vorausgesetzt, während sich seine Funktion als öffentliches Sachgeld aus dem Inhalt der Widmung ergibt. Die Widmung stuft gleichzeitig das Geld in eine bestimmte (Geld-)Klasse, deren Voraussetzungen gesetzlich festgelegt sind, ein: Es wird zu gesetzlichem Zahlungsmittel, sei es unbeschränkter, sei es beschränkter Art. Die Widmung zur öffentlichen Sache Geld ist nur rechtswirksam, wenn gleichzeitig das Geld zum unbeschränkten bzw. beschränkten gesetzlichen Zahlungsmittel eingestuft wird.

Hier soll zunächst nur untersucht werden, welchen Inhalt die Widmung haben muß, damit Noten überhaupt zur öffentlichen Sache Geld werden.

### 2. Widmung zur öffentlichen, abstrakte Zahlkraft zum aufgedruckten Zwangskurs verkörpernden Sache Geld

#### a) Die Geldeigenschaft

Die Noten müssen in bezug auf eine bestimmte Rechnungseinheit gestückelt[14] sein. Die Rechnungseinheit ist die „Deutsche Mark", unterteilt in einhundert „Pfennig"[15], § 1 WährungsG. Die Noten müssen mit einem entsprechenden Wertaufdruck[16] versehen[17] sein.

Die Widmung bestimmt, daß die Geldnote zu diesem Wert uneingeschränkt und definitiv[18] Zahlkraft im Geldverkehr verkörpert und daß dieser Wert von jedem hingenommen werden muß, d. h. den Zwangskurs[19] der Geldnote ergibt, zu dem sie im Umlauf sein soll.

---

[12] Vgl. §§ 1 I und 2 I, §§ 1 III und 2 III a BFernstrG.

[13] *Sieder/Zeitler*, Bayrisches Straßen- und Wegegesetz, München 1960, Art. 6, Rdnr. 10.

[14] *F. A. Mann*, Das Recht des Geldes, Berlin 1960, S. 18/19.

[15] Aus § 1 II Nr. 1 WährungsG und § 3 MünzG („auf Pfennig lautend") ergibt sich, daß die „Deutsche Mark" in „Pfennig" unterteilt ist (d. h. nicht in „Deutsche Pfennig").

[16] *Grenz*, Geldregal ..., S. 19: Nenn- oder Nominalwert, der die Höhe der als Rechnungseinheit benutzten Zahl des Geldstücks angibt.

[17] *F. A. Mann*, a.a.O., S. 18; *Grenz*, Geldregal ..., S. 19.

[18] *Knapp*, Staatliche Theorie ..., S. 91 ff.

[19] Vgl. dazu *Enneccerus/Lehmann*, Schuldrecht, § 11 II 3.

§ 5 Die Widmung der Noten zu Geld in Form von gesetzl. Zahlungsmittel 43

Ferner bestimmt die Widmung, daß die Geldnote gegen anderes gewidmetes Geld in Höhe des Nennwertes eintauschbar[20] ist.

Papierart, Format, Farbe und sonstiges Aussehen der Note sind dagegen keine Eigenschaften, die den Inhalt der Widmung bilden. Sie sind eine Frage der Herstellung[21] und stehen bei der Herstellung im Ermessen der Bundesbank. Die Bundesbank hat aber diese Merkmale, ebenso wie die Widmung, nach § 14 I 5 BBkG bekanntzugeben.

Ergeht eine Widmung des geschilderten Inhalts, so sind die Notenscheine zur öffentlichen Sache Geld geworden.

### b) *Keine Widmung*

#### aa) zu einem bestimmten Kaufwert (Marktwert)

Nach dem Dargelegten widmet die Bundesbank nach § 14 BBkG Noten zur öffentlichen Sache Geld, das abstrakte Zahlkraft zum Zwangskurs in Höhe des Nennwertes verkörpert. Geldnoten haben aber nicht nur Zahlkraft zum Zwangskurs, sondern auch einen Kaufwert (Marktwert)[22] und einen Wechselkurs (Kurswert)[22].

Wieviel die Geldnote wert ist, d. h. welcher Kaufwert dem Zwangskurs in Höhe des Nennwertes entspricht, kann nicht Sache der Widmung sein. Der Kaufwert ist keine rechtliche Eigenschaft des Geldes selbst, sondern eine Auswirkung seines Gebrauchs am Markt[23]. Das ist auch dann der Fall, wenn der Markt reguliert ist, also feste Preise festgesetzt sind. Richtet sich der Kaufwert aber nach Angebot und Nachfrage, nach den Marktverhältnissen, so kann die Bundesbank die Noten zwar zu Zahlungsmitteln mit Zwangskurs, aber nicht mit Marktwert widmen.

#### bb) zu einem bestimmten Wechselkurs (Kurswert)

Ganz ähnlich verhält es sich mit dem Wechselkurs der Geldnoten. Der Wechselkurs bestimmt, wieviel die Geldnote im Verhältnis zu ausländischen Zahlungsmitteln wert ist, welchen Kaufwert das inländische Zahlungsmittel bezüglich einer ganz bestimmten Sache hat. Aus-

---

[20] Die Widmung bestimmt aber nicht den Tausch*wert*, weil dieser nichts anderes als die Kaufkraft (der Kaufwert) des Geldes ist, vgl. *Andreae*, Geld und Geldschöpfung, Stuttgart/Wien 1953, S. 81 ff.; zum Kaufwert s. u. § 5 II 2 b).
[21] Ebenso wie bei einer öffentlichen Straße der Bau eine Frage der Herstellung und nicht der Widmung ist.
[22] *Grenz*, Geldregal ..., S. 19.
[23] *Grenz*, a.a.O., S. 242.

ländische Zahlungsmittel sind im Inland ein Tauschobjekt, eine Ware[24]. Ob diese Ware durch inländisches Geld erwerbbar ist — und gegebenenfalls zu welchem Preis („Kurs") —, das richtet sich nach den Marktverhältnissen, nach Angebot und Nachfrage. Ebensowenig wie durch die Widmung ein Kaufwert für gewöhnliche Waren bestimmt werden kann, so kann nicht der Kaufwert, Wechselkurs, für die Ware „ausländisches Geld" bestimmt werden. Und wie die erste Feststellung auch dann gilt, wenn der gewöhnliche Warenmarkt durch Festpreise reguliert wird, so gilt die zweite ebenfalls, wenn der Devisenmarkt durch Festpreise reguliert wird. Das ist gegenwärtig der Fall. Die Bundesregierung — und die Regierungen anderer Länder für ihre Währungen — bestimmt den Wert der „Deutschen Mark" im Verhältnis zu ausländischen Zahlungsmitteln. Sie handelt bei der Festsetzung eines bestimmten Wechselkurses z. Z. in Erfüllung des Abkommens von Bretton Woods[25], dem die Bundesrepublik Deutschland beigetreten ist[26]. Hierbei handelt es sich um eine Übereinkunft der Beteiligten, feste Wechselkurse allgemeinverbindlich an einer Grenze[27] festzusetzen. Das bedeutet nichts anderes, als daß ein allgemeines Preiszwangsrecht für alle Zahlungsmittel der beteiligten Länder in einem bestimmten Verhältnis besteht. Wird für ein Zahlungsmittel der festgesetzte Zwangspreis — nach Absprache mit den am Abkommen Beteiligten — geändert, also der Wechselkurs verändert, so nennt man das „Aufwertung" oder „Abwertung".

Wenn die Bundesregierung den Wechselkurs, den Preis, festsetzt, den man in inländischem Geld für den Erwerb der Ware „ausländisches Geld" zu zahlen hat, so ist dadurch die Bundesbank aus den §§ 3, 12 Satz 1 BBkG verpflichtet, unter Zugrundelegung des von der Bundesregierung

---

[24] *Nussbaum*, Das Geld, S. 42; *Helfferich*, Das Geld, S. 468; *Schaelchlin*, Das Geld ..., S. 74; *Gerber*, Geld ..., S. 76, 87/88; *Zorn*, Das Staatsrecht des Deutschen Reiches, Bd. II, 2. Aufl., Berlin 1897, S. 331; a. M. *Grenz*, a.a.O., S. 26 ff.; *Knapp*, Staatliche Theorie ..., S. 202.

[25] Vgl. zu den Grundzügen des Abkommens *Bachmann*, Die Konvention von Bretton Woods, St. Gallen 1945, S. 5 f., 10 ff.; *Andreae*, Geld ..., S. 263 ff.

[26] Gesetz über den Beitritt der Bundesrepublik Deutschland zu den Abkommen über den Internationalen Währungsfonds (International Monetary Fund) und über die Internationale Bank für Wiederaufbau und Entwicklung (International Bank for Reconstruction and Development) vom 28. Juli 1952 (BGBl. II, S. 637, 728).

[27] Die Wechselkurse dürfen innerhalb gewisser Grenzen schwanken, innerhalb der durch die Grenzwerte festgelegten „Bandbreite" sich frei nach marktwirtschaftlichen Gegebenheiten entwickeln, vgl. *W. Hoffmann*, Rechtsfragen der Währungsparität, München 1969, S. 13; *Lipfert*, Einführung in die Währungspolitik, 3. Aufl., München 1967, S. 5 Fußn. 2; *Rittershausen*, Die Zentralnotenbank, Frankfurt a. M. 1962, S. 337 f.

§ 5 Die Widmung der Noten zu Geld in Form von gesetzl. Zahlungsmittel 45

festgelegten Zwangspreises Devisen zu verkaufen bzw. zu kaufen[28] und am freien Markt den Kurs durch Käufe oder Verkäufe zu stützen. Aber dies hat nichts mit der Notenausgabe, der Widmung von Noten zu Geld, zu tun, sondern mit dem Regierungseingriff in den freien Devisenmarkt, der für die Ware „ausländisches Geld" einen Zwangspreis festsetzt[29]. Wenn dieser Zwangspreis nicht durchsetzbar ist — in Ländern, die nicht dem Abkommen von Bretton Woods beigetreten sind und deren Regierung keine oder andere Wechselkurse festgesetzt hat; auf dem freien Markt, einem Schwarzmarkt oder bei sonstigen Umgehungen der Zwangspreisfestsetzung —, richtet sich der Wechselkurs nach den Marktverhältnissen.

Demnach kann die Bundesbank nicht die Noten zu Geld mit bestimmtem Wechselkurs widmen. Der Wechselkurs ist nicht Inhalt der Widmung.

### 3. Widmung zu (Geld in Form von) gesetzlichem Zahlungsmittel

Hinsichtlich der zweiten Funktion der Widmung, nämlich der Schaffung gesetzlicher Zahlungsmittel, normiert § 14 BBkG besondere Voraussetzungen.

*a) DM-Noten als gesetzliche Zahlungsmittel*

aa) Für die Widmung zum gesetzlichen Zahlungsmittel müssen die Noten den ausgeschriebenen Aufdruck „Deutsche Mark" tragen, § 14 I 2 BBkG. Daß dies nicht erforderlich ist, damit die Noten überhaupt als Geld anzusehen sind, ergibt sich aus einem Vergleich der gesetzlichen Bestimmungen und einem Blick auf das Münzwesen. Für die Widmung zur öffentlichen Sache Geld reicht es, daß Noten und Münzen einen Nennwertaufdruck haben, der sich auf die Währungseinheit bezieht: Nach § 1 MünzG müssen die Münzen den Wertaufdruck 1, 2, 5, 10 oder 50 "(Pf)" bzw. 1, 2, oder 5 „(DM)" haben[30]. Damit die Münzen gesetzliches Zahlungsmittel werden, muß die Aufschrift „Pfennig"[31] oder „Deutsche Mark" vorhanden sein, die Münzen müssen so „lauten", § 3 MünzG; für die Noten bestimmte gleiches § 1 II WährungsG, während sie jetzt auf „Deutsche Mark" „lauten" müssen, § 14 I 2 BBkG. Bei ausländischen Münzen gibt es genügend Beispiele, daß sie keinen Aufdruck der Währungseinheit haben: Bei Schweizer Zwei- und Fünf-

---

[28] *Caspers*, Rechtliche Betrachtungen zur Aufwertung der Deutschen Mark, BB 61, 341 (343).
[29] Ob dies durch gerichtsfreien Hoheitsakt (so *Caspers*, a.a.O.) geschieht, kann in diesem Zusammenhang dahingestellt bleiben.
[30] § 1 MünzG.
[31] Daß die Aufschrift nicht „Deutsche Pfennig" heißen muß, ergibt sich aus § 3 MünzG, vgl. oben Fußn. 15.

Rappen-Münzen fehlt der Aufdruck „Rappen", ebenso bei italienischen Fünf-Centesimi-Münzen und bei tschechischen Ein-Kronen-Münzen der entsprechende Aufdruck. Auch wenn bei den Bundesmünzen der Aufdruck „Deutsche Mark" oder „Pfennig" fehlte, könnten diese Geld sein — allerdings nicht gesetzliche Zahlungsmittel, vgl. §§ 1—3 MünzG. Vergleichbar könnten die Noten nur einen Aufdruck „Banknote der Deutschen Bundesbank" (neben dem Nennwert, dieser muß vorhanden sein) tragen. Dann könnten sie aber nicht gesetzliche Zahlungsmittel werden, die Widmung wäre rechtsunwirksam[32].

bb) Eine weitere Voraussetzung für die Widmung der Noten zu gesetzlichen Zahlungsmitteln ist der Aufdruck einer bestimmten Art Nennwert: Der Nennwert der Noten muß sich mit dem durch § 1 WährungsG statuierten Dezimalsystem vertragen. Nicht dagegen ist ein bestimmter Nennwert(aufdruck) erforderlich, wie ihn das Münzgesetz vorsieht. Münzen können nur gesetzliche Zahlungsmittel werden, wenn sie auf „1, 2, 5, 10 und 50" Pfennig oder auf „1, 2 und 5" Deutsche Mark lauten. Die Widmung einer 10-DM-Münze z. B. zum gesetzlichen Zahlungsmittel wäre nach den §§ 1, 2 MünzG vom 8. 7. 1950 rechtsunwirksam. Deshalb war es erforderlich, für die Ausgabe einer 10-DM-Olympiamünze[33] eigens die gesetzlichen Voraussetzungen[34] zu schaffen, damit sie gesetzliches Zahlungsmittel werden konnte.

Noten mit kleinerem Nennwert als DM 10,— darf die Bundesbank zu gesetzlichen Zahlungsmitteln nur im Einvernehmen mit der Bundesregierung widmen, § 14 I 4 BBkG. An der Widmung sind also zwei Behörden beteiligt.

Die Beteiligung der Bundesregierung ist deshalb vorgesehen, damit die Bundesbank nicht die Münzprägung durch den Bund beeinträchtigen kann. Zwar müssen alle vom Bund geprägten Münzen von der Bundesbank übernommen (angekauft) werden, § 8 I 2 MünzG; soweit sie aber die Bundesbank wegen fehlenden „Bedürfnisses" im Gesamtzahlungsmittelumlauf — so bei genügend vorhandenem Sachgeld auf Grund der Notenausgabe — nicht in den Verkehr bringen kann, sammeln sie sich bei einer (gegenwärtig immer[35]) höheren Ausprägung als zwanzig DM pro Kopf der Bevölkerung über einen Eigenbestand der Bundesbank von 15 % der ausgegebenen Münzen an: nach sechs Monaten ist dann der

---

[32] Für den entsprechenden Fall der Widmung zur öffentlichen Straße vgl. *Sieder/Zeitler*, BayStrWG, Art. 6, Rdnr. 10.

[33] Ausgabetag: 26. 1. 1970.

[34] Gesetz über die Ausprägung einer Olympiamünze vom 18. 4. 1969 (BGBl. I, S. 305).

[35] Amtliche Begründung zu § 1 des Gesetzes zur Änderung des Gesetzes über die Ausprägung von Scheidemünzen, BRDrS 175/62, S. 2; durch dieses Gesetz (vom 18. 1. 1963, BGBl. I, S. 55) wurde § 5 I MünzG aufgehoben.

§ 5 Die Widmung der Noten zu Geld in Form von gesetzl. Zahlungsmittel 47

Überbetrag für Rechnung des Bundes in gesonderte Verwahrung zu nehmen, § 8 II MünzG[36]. Damit hat es für den Bund keinen Sinn mehr, weitere Münzen auszuprägen[37].

Das Einvernehmen der Bundesregierung ist als Verfahrenserfordernis der Widmung anzusehen, da die Widmung keine unmittelbaren Rechtsfolgen für Dritte zeitigen kann[38].

Gibt die Bundesbank Noten kleineren Nennwertes als 10 DM ohne das erforderliche Einvernehmen der Bundesregierung aus, ist die Widmung, soweit sie gesetzliche Zahlungsmittel schaffen sollte, zwar nicht unwirksam[39], aber rechtswidrig.

b) *Notengeld als unbeschränktes (gesetzliches) Zahlungsmittel*

§ 14 I 3 BBkG sieht nicht nur vor, daß die Noten gesetzliche Zahlungsmittel sind, sondern sie sollen eine bestimmte Art gesetzlicher Zahlungsmittel sein, nämlich unbeschränkte. Diese weitere Unterteilung entspricht der vergleichsweise aus dem Recht der öffentlichen Straßen bereits angeführten Unterteilung der Bundesfernstraßen in gewöhnliche Bundesstraßen und Bundesautobahnen[40].

Die Widmung muß daher, da zur Zeit Geldnoten nur unbeschränkte (gesetzliche) Zahlungsmittel sein können[41], die Noten zu solchen einstufen. Die Widmung darf die Noten nicht zu beschränkten Zahlungsmitteln deklarieren, wie andererseits Münzen nicht entgegen § 3 MünzG zu unbeschränkten bestimmt werden werden können. Als unbeschränkte (gesetzliche) Zahlungsmittel sind die Geldnoten dann obligatorisch, d. h. sie müssen ohne Rücksicht auf die Höhe der zu zahlenden Summe als Erfüllung für Geldverbindlichkeiten zum Nennwert angenommen werden[42].

### 4. Ergebnis

Die Untersuchung der Notenausgabe hat folgendes Ergebnis gebracht: Die Notenausgabe der Bundesbank ist die Widmung von Noten zur öffentlichen Sache Geld als unbeschränktes gesetzliches Zahlungsmittel, das allgemein und verbindlich abstrakte Zahlkraft zu einem Zwangskurs in Höhe des aufgedruckten Nennwertes verkörpert.

---

[36] Vgl. *Spindler/Becker/Starke*, Bundesbank, § 14 Anm. 5 V 2 (S. 257).
[37] *Spindler/Becker/Starke*, a.a.O.
[38] *H. J. Wolff*, Verwaltungsrecht I, § 46 V c 2 β.
[39] *Starke*, Das Gesetz ..., DöV 57, 606 (609).
[40] § 1 III, § 2 III a BundesfernstraßenG.
[41] *Duden*, Gestaltwandel ..., S. 15, hat Zweifel, ob bei der heutigen Entwicklung des Geldsystems überhaupt noch Notengeld jeden Nennwertes bis zu jeder Höhe angenommen werden muß.
[42] *Spindler/Becker/Starke*, Bundesbank, § 14 Anm. 3.

## § 6 Die Benutzung des Notengeldes als öffentliche Sache (Der Gemeingebrauch)

### I. Benutzung durch Gebrauch als unbeschränktes gesetzliches Zahlungsmittel mit Zwangskurs

Der Gemeingebrauch an einer öffentlichen Sache ist die Folge der Widmung[1]. Sein Inhalt ergibt sich aus der Widmung, aus dem durch sie bestimmten öffentlichen Zweck, dem die Sache dienen soll. Daneben kann er sich auch aus Art und Eigenschaft der öffentlichen Sache ermitteln lassen[2].

Zu welchem Zweck Noten zur öffentlichen Sache gewidmet werden, ist bereits dargelegt[3]. Hier sind die Konsequenzen für den Gebrauch des Notengeldes zu ziehen.

Der Gemeingebrauch an dem von der Bundesbank geschaffenen Geld besteht in der Berechtigung für jedermann, diese öffentliche Sache als gesetzliches Zahlungs-, Tausch- und Rechnungsmittel zu verwenden. Kraft des Zwangskurses hat dieses Zahlungsmittel einen bestimmten Wert[4], es vermittelt Zahlkraft = Kaufkraft in Höhe des aufgedruckten Nennwertes — auch wenn dieser Wert in keinem Verhältnis zum Material(=Substanz)-Wert steht. Das staatliche Geld stellt jedermann Vermögensmacht in Höhe des Nennwertes seines Geldes zur Verfügung, und zwar abstrakt, d. h. losgelöst von dahinter stehenden Gegenständen, Personen oder Rechtsverhältnissen. Zum Schutz[5] dieser Funktion besteht im Zivilrecht ein Annahmezwang[6]; der Gläubiger muß die Zahlung in gesetzlichem Zahlungsmittel als Erfüllung der geschuldeten Leistung gelten lassen[7]. Außerdem darf bei Geldschulden nur Schulderfüllung in diesem Geld vereinbart werden, § 3 WährungsG (§ 244 BGB)[8]. In beiden Richtungen wird die Vertragsfreiheit beschränkt.

---

[1] H. J. Wolff, Verwaltungsrecht I, § 56 I.
[2] H. J. Wolff, a.a.O., § 58 II c 1.
[3] s. o. § 4 II 3 c, § 5 II 3.
[4] Simitis, Bemerkungen ..., AcP 159 (1960), S. 406 (415): Geld ist staatlich bestimmtes Wertmaß.
[5] Simitis, a.a.O., S. 435.
[6] Simitis, a.a.O., S. 426.
[7] Baumbach/Duden, HGB, § 406 Anhang I 2 J.
[8] Vgl. dazu § 49 Außenwirtschaftsgesetz v. 28. 4. 1961 (BGBl. I, S. 481).

§ 6 Die Benutzung des Notengeldes als öff. Sache (Gemeingebrauch)

Die geschilderte Funktion macht den entscheidenden Unterschied des Notengeldes zu sonstigen Zahlungsmitteln aus. Bei (unverzinslichen) Inhaberschuldverschreibungen hängt ihre Umlaufsfähigkeit von ihrer Bonität ab[9]. Ebenso verhält es sich bei Buchgeld, das als Forderung an eine bestimmte Kreditanstalt und einen bestimmten Personenkreis gebunden ist. Zudem hat es den Nachteil, daß seine Summe meist eine zufällige Größe sein wird. Das ist auch bei Wertpapieren wie Wechsel und Scheck der Fall. Überhaupt vermindern bei den Wertpapieren wegen ihres Zusammenhangs mit einer Forderung Faktoren wie Inhalt, Unterschrift, Befristung u. a. mehr oder minder ihre Umlaufsfähigkeit[10]. Beim Notengeld dagegen gibt es nichts dergleichen, es ist so umlaufsfähig wie nur möglich.

## II. Privatrechtliche Verwendung als Gemeingebrauch

Der Gemeingebrauch besteht also in der Benutzung der öffentlichen Sache Notengeld mit den dargelegten Eigenschaften. Dabei erhebt sich die Frage, ob nicht auch die Verwendung des Notengeldes zu zivilrechtlichen Geschäften Teil des Gemeingebrauchs ist, weil in der Regel nur derjenige die öffentliche Sache benutzen kann, in dessen zivilrechtlicher Verfügungsgewalt sie steht. Diese Überlegung ist z. T. bereits in anderem Zusammenhang angestellt worden[11]. Das Ergebnis war dabei, daß der Gemeingebrauch in Zusammenhang mit zivilrechtlicher Verfügungsgewalt stehen kann.

Bei dem hier aufgeworfenen Problem ist zu berücksichtigen, daß sich der Inhalt des Gemeingebrauchs aus dem Widmungszweck ergibt. Noten werden zwar nicht zu dem Zweck ausgegeben, daß jedermann zivilrechtliche Verfügungsgewalt an ihnen beanspruchen kann, wohl aber (auch) zu dem öffentlichen Zweck, daß sie jedermann als Tauschobjekt und Zahlungsmittel verwenden kann. Der Benutzer des Notengeldes soll sich seine erhöhte Verwendbarkeit, seine erhöhte Umlaufsfähigkeit, die es vor allen anderen Sachen auszeichnet, zunutze machen können. Das Notengeld soll als Tausch- und Zahlungsmittel von Hand zu Hand gehen. Der Eigentumswechsel, die Benutzung des Notengeldes als Sache im Sinne der §§ 90, 92 BGB[12], liegt also, im Gegensatz zu anderen öffentlichen Sachen, innerhalb des Widmungszwecks. Die zivilrechtliche Verfügbarkeit gehört zur Zweckbestimmung der öffent-

---
[9] *Simitis*, a.a.O., S. 430.
[10] *Helfferich*, Das Geld, S. 272; *Kaser*, Das Geld ..., AcP 143 (1937), S. 1 (8).
[11] s. o. § 4 II 2 d.
[12] *M. Wolff*, Das Geld, S. 628.

lichen Sache Notengeld, sie ist Teil des Gemeingebrauchs an dieser öffentlichen Sache.

Daß der zivilrechtliche Verfügungsmachtwechsel Teil des Gemeingebrauchs ist, tut der Eigenschaft des staatlichen Geldes als öffentlicher Sache keinen Abbruch. Andere öffentliche Sachen werden durch den Wechsel des Eigentümers nicht in ihrer Eigenschaft als öffentliche Sachen beeinträchtigt, schon gar nicht verlieren sie dadurch diese Eigenschaft[13]. Da die öffentliche Sache trotz öffentlicher Bindungen Privatrechtsobjekt bleibt, ist die privatrechtliche Verwendung für die Eigenschaft als öffentliche Sache ohne Bedeutung. Daher kann es auch gleichgültig sein, ob die privatrechtliche Verwendung, insbesondere die Eigentumsübertragung, Teil des Gemeingebrauchs ist oder nicht. Ist sie es, wie beim Notengeld, so leidet die Eigenschaft als öffentliche Sache ebensowenig darunter, als wenn sie es, wie bei anderen öffentlichen Sachen, nicht wäre. Weder der Eigentumswechsel selbst noch der Umstand, daß er Teil des Gemeingebrauchs ist, berühren also die Eigenschaft des Notengeldes als öffentlicher Sache.

---

[13] *H. J. Wolff*, Verwaltungsrecht I, § 57 II a, b, 3.

## § 7 Unterhaltung und Entwidmung

### I. Die Unterhaltung

Für jede öffentliche Sache gibt es eine vom privatrechtlichen Eigentum unabhängige öffentlich-rechtliche Unterhaltungspflicht. Sie hat die fortwährende Zweckerfüllung durch die öffentliche Sache zu gewährleisten[1]. Beim Geld ist dies nicht anders. Für das Notengeld obliegt die Unterhaltungspflicht auf Grund des § 14 III BBkG der Bundesbank.

Die öffentliche Sache zu unterhalten heißt, sie im für die Zweckerfüllung notwendigen gebrauchsfähigen Zustand zu halten[1]. Bei öffentlichen Straßen z. B. besteht die Unterhaltung in ihrer Ausbesserung, wenn sie schadhaft sind. Da auch Geldnoten grundsätzlich nicht infolge Schadhaftigkeit ihre Eigenschaft als öffentliche Sache[2] verlieren, muß eine Unterhaltung möglich sein. Schadhaftigkeit, die ein Handeln des Unterhaltungspflichtigen erforderlich macht, tritt auf zweierlei Weise[3] ein: einmal durch Abnutzung infolge des Umlaufs, zum anderen dadurch, daß die Noten trotz mangelhafter Herstellung hinsichtlich Papiers, Formats, Farbe oder Darstellung[4] in den Verkehr gebracht worden sind.

Eine schadhafte Geldnote ist weniger umlaufsfähig, weil der Verkehr sie nicht mehr als vollwertig ansieht. Die Gebrauchsfähigkeit der öffentlichen Sache ist daher gemindert, wenn nicht sogar beseitigt. Um sie ihrer Zweckbestimmung gerecht werden zu lassen, muß ihre Umlaufsfähigkeit wiederhergestellt werden. Darin besteht bei Geldnoten die Unterhaltungspflicht.

Allerdings ist bei Geldnoten eine Ausbesserung zwecks Wiederherstellung der Umlaufsfähigkeit wegen der Beschaffenheit dieser öffentlichen Sache ausgeschlossen. Ist die Geldnote schadhaft, dann ist sie schlechterdings nicht zu reparieren. Geht von der Geldnote gar, wenn sie infolge Abnutzung zerrissen ist, ein Teil verloren, so ist an eine

---

[1] *H. J. Wolff*, Verwaltungsrecht I, § 57 III.

[2] *H. J. Wolff*, a.a.O., § 56 V a allgemein für öffentliche Sachen.

[3] Das verhält sich bei anderen öffentlichen Sachen, z. B. öffentlichen Straßen, ebenso.

[4] Der Mangel betrifft also die Eigenschaften, die nur etwas mit der Herstellung, aber nichts mit der Widmung zu tun haben.

Reparatur nicht zu denken. Die einzige Möglichkeit, die sich zur Unterhaltung der Geldnoten anbietet, ist die Ersetzung, der Eintausch[5] schadhafter Geldnoten gegen unbeschädigte gleichen Nennwertes. Hierin gleicht die Unterhaltung der von „zerlesenen" Büchern öffentlicher Büchereien.

### 1. Ersetzungspflicht bei schadhaften Geldnoten, § 14 III BBkG

Dementsprechend ist durch § 14 III BBkG eine Ersetzungspflicht der Bundesbank[6] statuiert. Zwar spricht § 14 III BBkG das nicht ausdrücklich aus: aber aus seiner Formulierung („Die Deutsche Bundesbank ist nicht verpflichtet, für vernichtete, verlorene ... Noten Ersatz zu leisten. Sie hat für beschädigte Noten Ersatz zu leisten, wenn ...") ist ersichtlich, daß diese Eintauschpflicht besteht: § 14 III BBkG will nur Zweifelsfälle klären, in denen eine Ersetzungspflicht nicht (mehr) bestehen kann. Der Ausdruck „Ersatz" ist in diesem Zusammenhang irreführend. Ersatz wird geleistet für einen vom Schädiger verursachten, rechtswidrig herbeigeführten Schaden. Ein Schaden in diesem Sinne, für den die Bundesbank Ersatz zu leisten hätte, besteht aber bei den schadhaften Geldnoten kaum, wie verschiedene Beispiele gleich zeigen werden. Folglich hat die Bundesbank nur eine Pflicht zur Ersetzung der schadhaften Geldnoten, d. h. zum Eintausch in Erfüllung ihrer Unterhaltungspflicht; § 14 III BBkG zählt beispielhaft Zweifelsfälle auf, in denen eine Ersetzungspflicht noch oder nicht (mehr) besteht.

Die Art und Ursache[7] des Schadens sind zunächst für die Pflicht zur Unterhaltung gleichgültig[8]. Die Geldnote kann in der Mitte oder am Rand eingerissen sein; sie kann infolge Umlaufs oder mangelhafter Herstellung einen anderen Farbton haben[9]; sie kann in mehrere Teile zerrissen, sie kann zerschlissen, unleserlich, verfleckt oder durchlöchert sein[10]: Die Beispiele ließen sich beliebig vermehren. In allen diesen Fällen hat die Bundesbank in Erfüllung ihrer Unterhaltungspflicht auf Antrag eine in der Umlaufsfähigkeit geminderte Geldnote durch eine gebrauchsfähige zu ersetzen.

---

[5] Für die Ersetzung schadhafter Geldnoten soll der Begriff „Eintausch" verwendet werden, der vom „Umtausch" beim Aufruf von Geldnoten nach § 14 II BBkG zu unterscheiden ist.

[6] Der Bundesbank leisten dabei die öffentlichen Kassen Hilfe, vgl. *Beck*, BBkG, § 14 K 367.

[7] *M. Wolff*, Das Geld, S. 610.

[8] *Beck*, BBkG, § 14 K 367.

[9] Vgl. Beispiel eines Erlasses zur „Behandlung nachgemachten, verfälschten, verdächtigen, beschädigten oder abgenutzten Bargeldes" (abgedruckt bei *Beck*, BBkG, § 36 K 956 ff.), § 3.

[10] § 6 II des Erlasses, a.a.O.: derartig zerrissene Geldnoten müssen bei der Bundesbank-Hauptkasse in Frankfurt a. M. eingetauscht werden.

## 2. Ersetzung durch andere gesetzliche Zahlungsmittel gleichen Nennwertes und gleicher Art

Da es darauf ankommt, die Umlaufsfähigkeit wiederherzustellen, ist die eintauschbare Geldnote durch eine gleichartige zu ersetzen, die voll gebrauchsfähig ist. Das heißt zugleich, daß die Bundesbank die Ersetzung nicht durch neu ausgegebene (neu gewidmete) Noten vornehmen muß, sondern nur durch eine gebrauchsfähige Geldnote gleicher Art, gleichen Nennwertes. Da sie damit ihre Unterhaltungspflicht erfüllt, und zwar im Hinblick auf eine bestimmte öffentliche Sache, kann sie nicht gesetzliche Zahlungsmittel anderer Art, wie Geldmünzen[11], oder anderen Nennwertes[12] hingeben, auch wenn sie im Gesamtwert der einzutauschenden Geldnote entsprechen würden.

## 3. Keine Ersetzungspflicht bei Nicht(mehr)-Bestehen der öffentlichen Sache, § 14 III 2 und 1 BBkG

§ 14 III BBkG klärt die Fälle, in denen die Pflicht zum Eintausch zweifelhaft sein kann. Nach § 14 III 2 1.Alt. BBkG ist die Bundesbank in jedem Falle zur Ersetzung verpflichtet, wenn der größere Teil der öffentlichen Sache noch vorhanden ist; ist dagegen nur noch die Hälfte oder ein kleinerer Teil vorhanden, braucht die Bundesbank nur zu ersetzen, wenn der Nachweis geführt ist, daß der restliche Teil vernichtet ist, § 14 III 2 2. Alt. BBkG. Das erklärt sich daraus, daß die Bundesbank in Erfüllung ihrer Unterhaltungspflicht die Ersetzung vornimmt: sie soll für die Erhaltung der öffentlichen Sache sorgen, aber nicht in Gefahr geraten, eine einzige zerrissene Geldnote durch zwei oder mehrere unbeschädigte ersetzen zu müssen. Wird der geforderte Nachweis nicht geführt, so gilt kraft Gesetzes die öffentliche Sache insgesamt als untergegangen: für untergegangene, „vernichtete", Geldnoten kann jedoch, weil der Untergang das Ende der öffentlichen Sache bedeutet[13], keine Unterhaltungspflicht, also auch keine Ersetzungspflicht mehr bestehen, § 14 III 1 1.Alt. BBkG.

Aus gleichem Grunde besteht auch für verlorene Geldnoten keine Eintauschpflicht, § 14 III 1 2.Alt. BBkG.

Schließlich ist für eine Unterhaltungspflicht dort kein Raum, wo eine öffentliche Sache von vornherein wegen Handelns nichtermächtigter Privatpersonen nicht entstanden ist, § 14 III 1 3.Alt. BBkG, oder nach

---

[11] *Beck*, BBkG, § 14 K 367; vgl. auch *Koch/Schacht*, Münz- und Notenbankwesen, BankG, § 32 Anm. 2; *Neufeld*, BankG, § 32 Anm. 2.
[12] *Beck*, a.a.O.; *Neufeld*, a.a.O.
[13] *H. J. Wolff*, Verwaltungsrecht I, § 56 V a.

(ordnungsgemäßer) Entstehung wegen Entwidmung[14] nicht mehr besteht, § 14 III 1 5.Alt. BBkG. Bei Veränderung der öffentlichen Sache, der „Verfälschung" des § 14 III 1 4.Alt. BBkG, dagegen entfällt die Unterhaltungspflicht, weil die Veränderung, die eine strafbare Handlung ist, die Funktion der öffentlichen Sache in einer Weise gestört hat, daß sie nicht mehr besteht, die öffentliche Sache also untergegangen ist. Die Note kann ersatzlos eingezogen werden, §§ 152 StGB, 37 BBkG.

### 4. Der Anspruch auf Ersetzung

Das Bundesbankgesetz hat die Pflicht zur Unterhaltung in der Weise ausgestaltet, daß jeder Benutzer[15] der öffentlichen Sache einen Anspruch[16] darauf hat, daß die Beeinträchtigung des bestehenden Gemeingebrauchs durch verminderte Umlaufsfähigkeit vom Unterhaltungspflichtigen beseitigt wird[17]. § 14 III BBkG gibt dem Benutzer gegenüber der Bundesbank einen Anspruch auf gebrauchsfähigen Zustand der Geldnoten, d. h. auf durch Gebrauchsunfähigkeit der öffentlichen Sache nicht beeinträchtigen Gemeingebrauch[18] — ob auch einen Anspruch auf Fortbestand des Gemeingebrauchs, ist eine andere Frage[19], die im Zusammenhang mit der Entwidmung behandelt werden soll. Das hat zur Folge, daß von der Bundesbank die Ersetzung einer in der geschilderten Weise gebrauchsunfähigen Geldnote in den aufgezeigten Grenzen verlangt werden kann[20]. Dieser Anspruch hat seine Grundlage im öffentlichen Recht, in der Ausgestaltung der öffentlich-rechtlichen Unterhaltungspflicht. Der Anspruch auf Ersetzung ist daher ein öffentlich-rechtlicher Anspruch[21].

### II. Die Entwidmung

Wie andere öffentliche Sachen können Geldnoten ihre Eigenschaft als Geld in Form unbeschränkter gesetzlicher Zahlungsmittel durch Entwidmung verlieren. Sie ist der actus contrarius zur Widmung. Zur

---

[14] Vgl. unten § 7 II.
[15] *M. Wolff*, Das Geld, S. 611; *Beck*, BBkG, § 14 K 367; *Neufeld*, BankG, § 32 Anm. 1.
[16] *Voigt*, Währungsverwaltung ..., S. 199, Fußn. 176.
[17] *Beck*, a.a.O., spricht von einem „öffentlich-rechtlichen, klagbaren Anspruch".
[18] Allgemein für das Recht der öffentlichen Sachen: *Salzwedel*, Gedanken ..., DöV 63, 241 (245/246).
[19] *Bachof*, Verfassungsrecht, Verwaltungsrecht, Verfahrensrecht in der Rechtsprechung des Bundesverwaltungsgerichts, Bd. I, 3. Aufl., Tübingen 1966, Teil 2 D 27.
[20] *Beck*, BBkG, § 14 K 367; *Neufeld*, BankG, § 32 Anm. 1.
[21] *Beck*, a.a.O.; *Voigt*, a.a.O.

§ 7 Unterhaltung und Entwidmung

Entwidmung ist nach § 14 II BBkG die Bundesbank ermächtigt. Bei der Entwidmung der Geldnoten ist wie bei anderen öffentlichen Sachen zu prüfen, ob es einen Anspruch auf Fortbestand der Widmung gibt. Davon sind die Fragen zu trennen, unter welchen Voraussetzungen eine Entwidmung zulässig ist und ob die Entwidmung eine zur Entschädigung verpflichtende Enteignung darstellt[22].

### 1. Außer-Kurs-Setzung als Entwidmung

#### a) Aufruf zur Einziehung als entwidmender Verwaltungsakt, § 14 II BBkG

In der Hauptsache erfolgt das Außer-Kurs-Setzen, die Entwidmung, nach § 14 II BBkG durch Aufruf zur Einziehung. Die Entwidmung ist als actus contrarius zur Widmung ebenso wie diese ein Verwaltungsakt[23], der sich auf die Sache, die Geldnoten, bezieht und mittelbar für alle gilt, die es angeht.

##### aa) Der Aufruf als entwidmender Verwaltungsakt mit Bedingung, subsidiär Befristung

Die von der Bundesbank aufgerufenen Geldnoten können innerhalb der im Aufruf bestimmten Frist an ihren Kassen gegen andere gesetzliche Zahlungsmittel umgetauscht werden. Die so an die Kasse gelangten Geldnoten werden nicht wieder ausgezahlt. Werden aufgerufene Geldnoten nicht innerhalb der Frist umgetauscht, so werden sie nach Ablauf der Frist ungültig, § 14 II 2 BBkG. Auch auf diese Weise können also Geldnoten außer Kurs geraten.

Die Entwidmung stellt sich demgemäß folgendermaßen dar: Der Aufruf der Geldnoten durch die Bundesbank ist der entwidmende Verwaltungsakt, der nach § 33 BBkG — wie bei der Einziehung von Straßen, § 7 III StrG NRW, § 2 VI 3 FernstrG[24] — öffentlich bekanntzumachen ist. Er ist mit einer aufschiebenden Bedingung versehen, nämlich dem Umtausch der aufgerufenen Geldnoten in andere. Die Bedingung tritt ein — und damit die Wirkung der Entwidmung —, wenn die

---

[22] Vgl. hierzu für die Entwidmung von öffentlichen Straßen: § 8 IV a BFernstrG, § 16 II StrG NRW, Art. 17 II BayStrWG und *Fickert*, Straßenrecht in Nordrhein-Westfalen, 2. Aufl., Köln 1968, § 16 II LStrG, Anm. 3; *Sieder/Zeitler*, BayStrWG, Art. 17, Rdnr. 11 ff.

[23] *Fögen*, Geld- und Währungsrecht, S. 23 Fußn. 44, sieht den Aufruf als Verwaltungsakt an, „vergleichbar etwa mit der ‚Einziehung' (Entwidmung) eines öffentlichen Weges oder mit der Aufhebung des Gemeingebrauchs an einem Gewässer, für das er früher zugelassen worden war".

[24] Vgl. weiter: § 37 II StrG RhlPf., § 8 III StrG Nds., Art. 8 III BayStrWG.

aufgerufenen Geldnoten an den Kassen der Bundesbank in andere Geldnoten umgetauscht werden[25].

Wie bei der Widmung noch die tatsächliche Indienststellung hinzutreten muß, von der an die Sache zu einer öffentlichen wird, also die Widmung Wirksamkeit erlangt[26], so verhält es sich bei der Entwidmung mit der tatsächlichen Außerdienststellung[27]. Tatsächlich außer Dienst gestellt werden die Noten erst mit ihrer Vernichtung. Diese ist der actus contrarius zur Auszahlung, Indienststellung der Noten. Mit der Vernichtung der Noten erlangt ihre Entwidmung rechtliche Wirksamkeit.

Tritt die Bedingung nicht ein, weil aufgerufene Geldnoten nicht innerhalb der Frist umgetauscht werden, so tritt die Wirkung der Entwidmung subsidiär durch Befristung ein: mit Ablauf der Umtauschfrist verlieren die nicht umgetauschten Geldnoten ihre Eigenschaft als Geld, gesetzliche Zahlungsmittel, sie sind keine öffentlichen Sachen mehr.

bb) Entwidmung nur bei entsprechendem öffentlichen Interesse

Eine Entwidmung ist im Straßenrecht nur bei einem sie rechtfertigenden öffentlichen Interesse zulässig[28], § 2 IV FernstrG, § 8 I Nds StrG[29]. Für die Entwidmung von Geldnoten schreibt § 14 BBkG nichts derartiges vor. Daraus kann aber nicht geschlossen werden, daß die Entwidmung jederzeit, wie es früher § 3 I EmissionsG[30] der Bank deutscher Länder gestattete, zulässig ist. Die Entwidmung von Geldnoten berührt die Allgemeinheit und ihren Gemeingebrauch in weit stärkerem Maße als die Entwidmung von öffentlichen Straßen oder sonstigen öffentlichen Sachen. Deshalb kann die Entwidmung von Geldnoten nur bei Vorliegen eines öffentlichen Interesses zulässig sein.

Wie bei der Widmung finden sich bei der Entwidmung Voraussetzungen in § 3 BBkG[31]. Hat die Bundesbank den Zahlungsmittelverkehr mit dem Ziel zu regeln, die Währung zu sichern, ergibt sich daraus, wann

---

[25] Nach § 34 BankG von 1924 gestaltete sich die Außer-Kurs-Setzung der RM-Noten in zwei Akten, dem „Aufruf" mit der Aufrufsfrist und der „Einziehung" mit der Umtauschfrist, vgl. *Koch/Schacht*, Münz- und Notenbankwesen, BankG, § 34 Anm. 2; für eine einheitliche Sicht trat *Neufeld*, BankG, § 34, ein. Daß nach § 14 II BBkG der Aufruf einstufig oder mehrstufig sein kann, nimmt *Fögen*, Geld- und Währungsrecht, S. 23, an; ähnlich auch *Spindler/Becker/Starke*, Bundesbank, § 14 Anm. 4 IV 3; beide begründen aber nicht, warum entgegen dem klaren Wortlaut des § 14 II BBkG eine Mehrstufigkeit möglich sein soll.
[26] H. J. *Wolff*, Verwaltungsrecht I, § 56 II e 4.
[27] H. J. *Wolff*, a.a.O.
[28] *Kodal*, Straßenrecht, S. 162 sub 2.
[29] Vgl. weiter: § 37 I StrG RhlPf., § 7 I StrG NRW, Art. 8 I BayStrWG.
[30] Aufgehoben durch § 43 I Nr. 3 BBkG.
[31] *Voigt*, Währungsverwaltung ..., S. 200 a.

ein öffentliches Interesse für die Entwidmung besteht: einmal, wenn der Zahlungsmittelumlauf der Geldnoten behindert ist. Das kann der Fall sein bei übermäßiger Abnutzung einer ganzen Serie, so daß der Eintausch einzelner Geldnoten zwecklos wäre[32], aber auch bei rechtsunwirksamer Widmung, wenn z. B. einzelne Geldnoten, die einen nicht lesbaren Aufdruck "Deutsche Mark" aufweisen[33], trotzdem wie die übrigen Stücke der Serie ausgegeben worden sind, aber ihre Zahl unbekannt ist, so daß eine erhebliche Verkehrsunsicherheit besteht. Zum anderen besteht ein öffentliches Interesse für die Entwidmung, wenn die Währungssicherheit sie erfordert, etwa weil in übergroßem Maße Falschgeld von einer Serie oder von einem bestimmten Nennwert im Verkehr ist.

Ist auf diese Weise ein öffentliches Interesse vorhanden, kann die Bundesbank nach § 14 II BBkG Geldnoten zur Einziehung aufrufen und damit entwidmen.

### b) *Kein Anspruch auf Fortbestand der Widmung*

Die Bundesbank könnte an der Entwidmung gehindert sein, wenn die Notengeldinhaber einen Anspruch auf Fortbestand der Widmung hätten. Das Bundesbankgesetz gibt über dieses Problem keinen Aufschluß; es muß daher auf das allgemeine Recht der öffentlichen Sachen zurückgegriffen werden, wo die Frage insbesondere bei der Entwidmung („Einziehung")[34] öffentlicher Straßen erörtert worden ist[35].

Ausgangspunkt der Überlegung muß sein, daß sich die Widmung zur öffentlichen Sache unmittelbar nur auf die Sache selbst bezieht[36]. Ebenso verhält es sich mit der Entwidmung als dem actus contrarius. Widmung und Entwidmung gelten nur mittelbar für alle, die es angeht. Daraus folgt insbesondere für die Entwidmung, daß niemand einen Individualanspruch auf Fortbestand der Widmung, auf „Aufrechterhaltung des Gemeingebrauchs"[37] hat[38]. Die Entwidmung berührt grundsätzlich nicht die Rechtsphäre, sondern nur die Interessensphäre Dritter[39]. Etwas anderes kommt nur dann in Betracht, wenn

---

[32] Der Parallelfall im Straßenrecht ist die Einziehung = Entwidmung zwecks Erleichterung der Wegebaulast, vgl. *Marschall*, Bundesfernstraßengesetz, § 2 Anm. 5 (S. 59).

[33] § 3 des Erlasses, a.a.O., Fußn. 9.

[34] Vgl. § 16 I StrG NRW, § 16 I StrG Nds., Art. 17 I BayStrWG; *Kodal*, Straßenrecht, S. 168; *Marschall*, BFernstrG, § 2 Anm. 8.

[35] *Forsthoff*, Verwaltungsrecht I, S. 359.

[36] Vgl. oben § 4 II 3 c.

[37] *Kodal*, Straßenrecht, S. 168 sub 4.

[38] *Salzwedel*, Gedanken zur Fortentwicklung ..., DöV 63, 241 (246).

[39] OVG Lüneburg, DVBl. 67, 922 (923).

durch die Entwidmung unmittelbar Rechte Dritter berührt werden, so z. B. bei der Entwidmung einer öffentlichen Straße die sich aus dem Eigentum ergebenden Anliegerrechte[40], die durch eine rechtswidrige Entwidmung verletzt sein können.

Bei der Entwidmung des Notengeldes können diese Überlegungen entsprechend verwendet werden. Widmung und Entwidmung sind als dingliche Verwaltungsakte keine Individualakte, sie betreffen keine individuell bestimmten Personen. Durch die Entwidmung erleidet der einzelne keinen Rechtsverlust, weil er bei rechtzeitiger Anmeldung vollen Ersatz (anders als bei der Entwidmung einer öffentlichen Straße) bekommt. Demnach hat niemand einen Anspruch darauf, daß die Geldnoten nicht durch Aufruf eingezogen werden.

### c) Keine Tangierung des Eigentums

Die Entwidmung berührt auch nicht das Eigentum des Notengeldinhabers. Sie wird unter der Bedingung des Umtauschs ausgesprochen; ihre Wirkung tritt erst ein, nachdem die Bundesbank im Wege des (Um)Tauschs Eigentümerin der Geldnoten geworden ist: für die aufgerufenen Geldnoten gibt die Bundesbank dem Umtauschenden unbeschränkte gesetzliche Zahlungsmittel gleichen Nennbetrages[41]. Nimmt der Betroffene sein Umtauschrecht nicht fristgerecht wahr, so „verwirkt" er es; er hat keinen Erstattungsanspruch gegen die Bundesbank.

#### 2. Außer-Kurs-Setzung durch Einziehung

Ein zweiter Fall der Entwidmung ergibt sich nur mittelbar aus dem Bundesbankgesetz.

Im Sinne des § 14 III BBkG gebrauchsunfähige Geldnoten gelangen entweder, wenn die Bundesbank als Unterhaltungspflichtiger in Anspruch genommen werden soll[42], oder im normalen Zahlungsverkehr zur Bundesbank. Da diesen Geldnoten ihre Gebrauchsfähigkeit fehlt und das nicht reparabel ist, müssen sie von der Bundesbank aus dem Verkehr genommen, außer Kurs gesetzt werden können. Ebenso verhält es sich dann, wenn rechtswidrig gewidmete Geldnoten, wie z. B. die oben erwähnten mit Fehldruck, zur Bundesbank gelangen. Hier

---

[40] BVerwG DVBl. 69, 308 u. 696.

[41] Wenn *Voigt*, Währungsverwaltung..., S. 200 f., die Einziehung für eine Enteignung hält, so übersieht er, daß der Umtausch integraler Bestandteil der Einziehung ist und dem Betroffenen die vollwertige Erhaltung seines Eigentums sichert; allein daraus, daß dieses „Tauschgeschäft" zwangsweise erfolgt, ist wohl kaum der enteignende Charakter der Einziehung herzuleiten. Vgl. dazu noch unten § 8 II, III 2.

[42] Nach § 14 III BBkG, vgl. oben § 7 I 1.

§ 7 Unterhaltung und Entwidmung

muß die Bundesbank die Möglichkeit haben, die durch ihr Fehlverhalten zur Unsicherheit des Verkehrs beitragenden Geldnoten zu entwidmen, d. h. den widmenden Verwaltungsakt zu widerrufen.

Die Bundesbank ist daher berechtigt, diese Geldnoten außer Kurs zu setzen, zu entwidmen.

Die auf die geschilderte Weise zu den Bundesbankkassen gelangten Geldnoten werden bei der Bundesbank zentral geprüft[43] und, wenn die Unverwendbarkeit für den weiteren Zahlungsverkehr festgestellt ist, vernichtet[44]. In der Freigabe zur Vernichtung ist die Entwidmung der betreffenden Geldnote zu sehen, die Vernichtung ist die tatsächliche Außerdienststellung, die Ausführung des entwidmenden Verwaltungsakts.

Das öffentliche Interesse an dieser Entwidmung ergibt sich daraus, daß derartige Geldnoten den ungestörten Zahlungsmittelumlauf beeinträchtigen.

Eine Tangierung des Eigentums liegt in dieser Entwidmung nicht. Handelt es sich darum, daß die Bundesbank nach § 14 III BBkG als Unterhaltungspflichtiger in Anspruch genommen wird, dann hat der Einzahlende entweder den Gegenwert bereits bei Einzahlung an einer öffentlichen Kasse von dieser erhalten[45], die wiederum den Wert von der Bundesbank erstattet bekommt, oder er bekommt den Gegenwert direkt von der Bundesbank erstattet[46]. Sind die Geldnoten im normalen Zahlungsverkehr zur Bundesbank gelangt, dann ist die Bundesbank selbst Eigentümer der Geldnoten.

### 3. Die „Stillegung" der Bundesbank zugeflossener Geldnoten als Beschränkung der Ausübung des Gemeingebrauchs

Aus Gründen des Zahlungsmittelumlaufs oder der Währungssicherung kann es geschehen, daß die Bundesbank im normalen Zahlungsverkehr zu ihr gelangtes Notengeld nicht wieder auszahlt. Darin könnte ebenfalls eine Entwidmung zu sehen sein, weil die Bundesbank hierbei nicht wie jede andere Bank handelt, sondern aus währungspolitischen Gründen das Notengeld nicht wieder auszahlt. Mit der „Stillegung" beseitigt sie jedoch nicht den Gemeingebrauch am Notengeld für immer, sondern sie verhindert nur zeitweise dessen Ver-

---

[43] Die Kontrolle erfolgt automatisch durch entsprechende technische Einrichtungen, vgl. Monatsbericht der Deutschen Bundesbank, Februar 1963, S. 26.
[44] Zum Vernichtungsverfahren (staubfreie Verbrennung) vgl. *Köser/Pfisterer*, Die Notenbank, Stuttgart 1969, S. 34.
[45] §§ 3, 6 I des Erlasses, a.a.O., Fußn. 9.
[46] § 6 II des Erlasses, a.a.O.

fügbarkeit. „Stillgelegtes" Notengeld ist nicht mehr verfügbar, ein Eigentumswechsel daran zeitweise ausgeschlossen. Die Bundesbank entzieht durch die „Stillegung" nicht dem Notengeld seine Eigenschaft als öffentliche Sache, sondern sie schränkt den Gemeingebrauch temporär ein; nicht der Gemeingebrauch selbst wird beseitigt, sondern seine Ausübung wird zeitweise beschränkt. Die „Stillegung" ist somit keine Entwidmung des Notengeldes, sondern eine Beschränkung der Ausübung des Gemeingebrauchs. Insoweit ist die „Stillegung" des Notengeldes der zeitweisen Sperrung einer öffentlichen Straße für den Verkehr auf Grund von Verkehrsvorschriften[47] vergleichbar. Ebenso wie dort die öffentliche Straße nicht entwidmet wird, sondern die Ausübung des Gemeingebrauchs geregelt wird, so verhält es sich auch beim Notengeld. Die „Stillegung" ist also eine Regelung der Ausübung des Gemeingebrauchs an der öffentlichen Sache Notengeld.

---

[47] Vgl. zu dieser Beschränkung der Ausübung des Gemeingebrauchs *H. J. Wolff*, Verwaltungsrecht I, § 58 II c 3 β.

*Zweiter Teil*

# Folgen einer öffentlich-rechtlichen Qualifizierung der Notenausgabe

## § 8 Die Folgen rechtswidrigen Handelns der Bundesbank und der Rechtsschutz

### I. Die rechtswidrige Widmung

#### 1. Fehlen des erforderlichen Einvernehmens, § 14 I 4 BBkG

Gibt die Bundesbank Noten mit kleinerem Nennwert als 10 DM ohne das erforderliche Einvernehmen der Bundesregierung aus, so ist die Widmung, soweit sie gesetzliche Zahlungsmittel schaffen sollte, zwar nicht unwirksam, aber rechtswidrig[1]. Mag dieser Mangel auch schwerwiegen, so ist er dennoch nicht offensichtlich[2]: die Widmung ist insoweit nicht nichtig, sondern anfechtbar[3].

*a) Keine Aufsichtsmaßnahmen der Bundesregierung*

Im Aufsichtswege kann die Bundesregierung gegen die Bundesbank nicht vorgehen. Das verhindert nach geltendem Recht § 12 Satz 2 BBkG, der die Unabhängigkeit der Bundesbank bei Ausübung der ihr nach dem Bundesbankgesetz zustehenden Befugnisse statuiert[4].

*b) Heilung des Mangels durch nachträgliche Zustimmung*

Ob der Mangel des Einvernehmens durch nachträgliche Zustimmung der Bundesregierung geheilt werden kann, hängt davon ab, ob die gesetzliche Regelung eine Heilung zuläßt[5]. Das ist dann der Fall, wenn das nachträglich herbeigeführte Einvernehmen in gleicher Weise den

---

[1] s. oben § 5 II 3 a (a. E.).
[2] Darauf kommt es nach der herrschenden sogenannten gemischten Evidenztheorie an, vgl. statt aller *Bachof*, Verfassungsrecht ..., Bd. I, Teil 2 C 31, 33; Bd. II, Tübingen 1967, C 350.
[3] BVerwGE 11, 195 (199); BVerwG DVBl. 66, 792.
[4] Zur Verfassungsmäßigkeit dieser Regelung vgl. oben § 3 Fußn. 4.
[5] BVerwGE 11, 195 (205).

der Beteiligungsverpflichtung zugrunde liegenden Erwägungen Rechnung trägt wie eine gesetzestreue Verwaltungsübung[6]. Mag dies in anderen Fällen grundsätzlich zu verneinen[7] sein, so spricht hier vieles dafür, es zu bejahen.

Der Zweck des § 14 I 4 BBkG verbietet nicht die Zulassung der Heilung. Einmal muß nicht jede Notenausgabe ohne Einvernehmen der Bundesregierung zu einem derart hohen Sachgeldbestand im Verkehr führen, daß keine Münzen mehr ausgegeben werden können — wie umgekehrt schon die Notenausgabe, zu der die Zustimmung der Bundesregierung nicht erforderlich ist, zu einer Übersättigung des Zahlungsmittelumlaufs führen kann. Können aber weiterhin Münzen ausgegeben werden, so ist den Motiven der gesetzlichen Regelung des § 14 I 4 BBkG durch nachträgliches wie vorheriges Einvernehmen der Bundesregierung Rechnung getragen.

Zum anderen kann die Bundesregierung, wenn gerade wegen der ungenehmigten Notenausgabe keine Münzen mehr in Verkehr gebracht werden können, ihre nachträgliche Zustimmung von der Erfüllung bestimmter Bedingungen, z. B. Stillstand der Notenemission trotz steigenden Bargeldbedarfs, abhängig machen. Auch in diesem Fall ist die Wahrung der Rechte des Bundes Rechnung getragen.

Der Mangel der Widmung wird daher durch ein nachträglich herbeigeführtes Einvernehmen der Bundesregierung geheilt.

### c) *Anfechtungsklage der Bundesregierung*

Kommt es zu keiner Einigung mit der Bundesbank, so ist die Bundesregierung zur Klage gezwungen. Da es sich um eine öffentlich-rechtliche Streitigkeit nichtverfassungsrechtlicher Art handelt, ist das Verwaltungsgericht zuständig, § 40 VwGO. Die Klage ist wie in anderen vergleichbaren Fällen, in denen die Mitwirkung zweier Behörden vorgesehen ist, z. B. nach § 36 BBauG[8] und § 9 II BFernstrG[9], als Anfechtungsklage[10] zu erheben[11], § 42 I VwGO. Klagebefugt nach § 42 II VwGO ist allein die Bundesregierung: da die Widmung ein dinglicher Verwaltungsakt ist, kann kein Dritter unmittelbar in seinen Rechten verletzt

---

[6] BVerwG, a.a.O.

[7] BayVGH BayVBl. 63, 156 (157/158); BVerwG, a.a.O.

[8] BVerwGE 22, 342 ist hierfür grundlegend.

[9] *Marschall*, BFernstrG, § 9 Anm. 3 (S. 377).

[10] Selbst wenn man als Klageart statt einer Anfechtungsklage ein Parteistreitverfahren, wie es § 22 MRVO Nr. 165 (Amtsbl. d. Mil. Reg. 1948 Nr. 24, S. 799) kannte (zur Rechtslage nach der VwGO vgl. *Eyermann/Fröhler*, Verwaltungsgerichtsordnung, 4. Aufl., Berlin und München 1965, § 40 Rdnr. 6 ff.), annehmen wollte, dürfte sich im Ergebnis nichts ändern.

[11] Ohne Vorverfahren: §§ 68 I Nr. 1 VwGO, 29 BBkG.

§ 8 Die Folgen rechtswidrigen Handelns der Bundesbank

sein; die Bundesregierung jedoch ist durch die ungenehmigte Notenausgabe in ihrem als Einvernehmen ausgeprägten Münzemissionsrecht[12] verletzt. Das Verwaltungsgericht wird der Klage stattgeben, es muß die Widmung mindestens insoweit aufheben, wie diese (rechtmäßig) gesetzliche Zahlungsmittel schaffen sollte, §§ 113 I 1 VwGO. Das hat zur Folge, daß die betroffenen Geldnoten zwar Geld, aber keine gesetzlichen Zahlungsmittel mehr sind. Sind sie aber nicht mehr gesetzliche Zahlungsmittel, so fällt für sie der zivilrechtliche Annahmezwang weg. Im übrigen müßte die Bundesregierung neben der Aufhebung die Beseitigung[13] der noch unmittelbar fortdauernden Beschwer verlangen, die dadurch vorhanden ist, daß derartige Geldnoten noch im Zahlungsverkehr sind, also die weitere Ausgabe von Münzen behindern. Hierfür ist ein Antrag nach § 113 III VwGO erforderlich, auf Grund dessen das Gericht die Bundesbank zur Einziehung der betreffenden Geldnoten verurteilt.

Wegen dieser weitreichenden Folgen einer Klage der Bundesregierung für den allgemeinen Zahlungsmittelverkehr scheint es geradezu geboten, daß im Wege einer nachträglichen Zustimmung zur Notenausgabe die Bundesregierung ihr Recht wahrzunehmen sucht.

### 2. Nichtbeachtung der gesetzlichen Anforderungen an die Geldnoten

Widmet die Bundesbank z. B. Noten zu gesetzlichen Zahlungsmitteln, obwohl diese nicht den Aufdruck „Deutsche Mark" tragen, so ist die Widmung nichtig.

*a) Keine Möglichkeit für Maßnahmen der Bundesregierung*

Die Bundesregierung kann gegen ein derartiges Verhalten der Bundesbank nicht im Aufsichtswege vorgehen. Sie hat aber auch keine Möglichkeit, dagegen im Klagewege anzugehen: Für eine verwaltungsgerichtliche Anfechtungsklage mangelt es an einer nach § 42 II VwGO erforderlichen[14] Anfechtungsbefugnis, da kein Recht der Bundesregierung ersichtlich ist, das verletzt sein könnte.

*b) Rechte und Rechtsschutz des Geldnoteninhabers*

aa) Keine Anfechtungsklage

Denkbar wäre es, daß der Inhaber einer derartigen Geldnote im Wege der Anfechtungsklage nach § 42 I VwGO oder der Feststellungs-

---
[12] *Beck*, BBkG, § 14 K 355.
[13] Vgl. *Eyermann/Fröhler*, VwGO, § 113 Rdnr. 58, § 42 Rdnr. 18.
[14] Eine Ausnahme nach § 42 II 1. Halbsatz VwGO ist nicht gegeben.

klage nach § 43 I VwGO gegen die Bundesbank vorginge. Da sich die Widmung als dinglicher Verwaltungsakt unmittelbar auf die Noten bezieht und nur mittelbar den Geldnoteninhaber betrifft, wird es aber sowohl an einer Anfechtungsbefugnis wie an einem berechtigten Interesse für die Nichtigkeitsfeststellung fehlen.

### bb) Anspruch auf Ersetzung

Eine Geldnote ohne den Aufdruck „Deutsche Mark" ist jedoch nicht voll gebrauchsfähig im Zahlungsmittelverkehr, ihre Umlaufsfähigkeit ist gemindert. Der Inhaber dieser Geldnote hat einen Anspruch gegen die Bundesbank auf Ersetzung durch ein voll gebrauchsfähiges Zahlungsmittel[15].

## II. Verletzung der Unterhaltungspflicht

### 1. Anspruch auf Ersetzung

In den Fällen[16], in denen der Inhaber einer gebrauchsunfähigen Geldnote einen Anspruch auf Ersetzung hat, muß ihm die Bundesbank[17] ein voll gebrauchsfähiges Zahlungsmittel bei Hingabe der gebrauchsunfähigen Geldnote übergeben. Weigert sich die Bundesbank, so ist er zur Klage gezwungen.

### 2. Verwaltungsgerichtliche Leistungsklage

Da der Anspruch auf Ersetzung öffentlich-rechtlicher Natur ist[18], muß er im verwaltungsgerichtlichen Verfahren geltend gemacht werden. Die Klageform hierfür ist nicht die Verpflichtungsklage des § 42 I VwGO, da von der Bundesbank nicht die Vornahme eines Verwaltungsaktes[19], sondern die Erfüllung ihrer Unterhaltungspflicht, d. h. die Übergabe eines gebrauchsfähigen gesetzlichen Zahlungsmittels verlangt wird. Die Geltendmachung dieses Anspruchs erfolgt daher durch Erhebung der schlichten Leistungsklage. Das Verwaltungsgericht wird die Bundesbank bei Bestehen des Anspruchs auf Ersetzung zur Übergabe eines gleichartigen gesetzlichen Zahlungsmittels in Höhe des Nennbetrages der zu ersetzenden Geldnote gegen deren Aushändigung verurteilen.

---

[15] § 3 des Erlasses, a.a.O., § 7 Fußn. 9.
[16] Siehe oben § 7 I 4.
[17] Anspruchsverpflichteter ist die Bundesbank; die öffentlichen Kassen leisten ihr nur Hilfe, vgl. oben § 7 Fußn. 6.
[18] *Beck*, BBkG, § 14 K 367.
[19] a. M. *Voigt*, Währungsverwaltung ..., S. 199, Fußn. 176.

## III. Der rechtswidrige Aufruf zur Einziehung (rechtswidrige Entwidmung)

Der Aufruf zur Einziehung als entwidmender Verwaltungsakt kann aus verschiedenen Gründen rechtswidrig sein. Er kann z. B. eine zu kurze Frist zum Umtausch vorsehen (beim Münzgeld muß die Frist mindestens drei Monate betragen, § 10 I MünzG) oder unzulässige Bedingungen enthalten, z. B. daß der Umtausch im Verhältnis 2 : 1 erfolgt („Währungsschnitt"). Schließlich kann auch das öffentliche Interesse für die Entwidmung fehlen.

### 1. Anfechtungsklage der Bundesregierung

Mangels aufsichtsrechtlicher Möglichkeiten könnte die Bundesregierung nur im Klagewege gegen einen rechtswidrigen Aufruf zur Einziehung vorgehen. In Betracht kommt bei dieser Entwidmung wie bei der Widmung eine Klage im Verwaltungsrechtsweg, und zwar eine Anfechtungsklage, §§ 40, 42 I VwGO. Die Bundesregierung muß dann geltend machen, in ihren Rechten verletzt zu sein, § 42 II VwGO. Eine solche Verletzung der Rechte der Bundesregierung durch die rechtswidrige Entwidmung ist nur denkbar, wenn der Aufruf zur Einziehung mit einem Währungsschnitt verbunden ist. Dieser bedeutet eine Veränderung der Währungsparität der Deutschen Mark, und dazu ist nur die Bundesregierung berechtigt[20].

Die Frist zur Erhebung der Klage beginnt mit der Veröffentlichung des Aufrufs im Bundesanzeiger, § 33 BBkG, zu laufen, §§ 74 I 2, 57 VwGO.

Das Verwaltungsgericht wird in dem genannten Fall den Verwaltungsakt der Bundesbank aufheben bzw. im Falle der Erledigung aussprechen, daß der Verwaltungsakt rechtswidrig gewesen ist, § 113 I 4 VwGO.

### 2. Anfechtungsklage des Inhabers der aufgerufenen Geldnoten

Der Inhaber der aufgerufenen Geldnoten könnte mit einer Anfechtungsklage nach den §§ 42 I, 113 I 1 VwGO gegen den rechtswidrigen

---

[20] h. M., vgl. W. *Hoffmann*, Rechtsfragen..., S. 143; die Bundesbank „soll" nach § 13 III BBkG von der Bundesregierung konsultiert werden, nach Art. V eines „Verwaltungsabkommens" (vom 6. 8. 1954 und 27. 8. 1959), das wie alle „Verwaltungsabkommen" zwischen Bund(esregierung) und Bundesbank geheimgehalten wird, *muß* jedoch die Bundesregierung die Bundesbank vor einer Paritätsentscheidung anhören. Zu dieser Problematik vgl. *Prost*, Die Deutsche Bundesbank im Spannungsbereich anderer unabhängiger Organe und Institutionen, in: *Büschgen*, Geld, Kapital und Kredit, Stuttgart 1968, S. 110 (122 ff.).

Aufruf zur Einziehung vorgehen, wenn er geltend machen kann, durch den Aufruf in seinen Rechten verletzt zu sein, § 42 II VwGO. Das kommt vor allem in Betracht, wenn der Aufruf das Umtauschrecht[21] des Inhabers der Geldnoten möglicherweise verletzt, z. B. weil die Frist zum Umtausch zu kurz bemessen ist, ferner, wenn die Bundesbank möglicherweise das Eigentum des Inhabers dadurch verletzt, daß sie den Aufruf mit einem Währungsschnitt verbindet.

---

[21] *Spindler/Becker/Starke*, Bundesbank, § 14 Anm. 4 IV 3.

## § 9 Die Notenausgabe durch Unbefugte

In einer abschließenden Betrachtung bleibt noch das Problem, welche Folgen sich — abgesehen von der strafrechtlichen Seite — ergeben, wenn Noten durch Unbefugte in den Verkehr gebracht werden, zu erörtern[1].

Mehrere Konstellationen sind in dieser Hinsicht denkbar. Einmal sind die Konsequenzen zu prüfen, wenn die Noten aus den Notendruckereien gestohlen werden und dann in den Umlauf gelangen, zum zweiten, wenn sie der Bundesbank, bevor diese sie ausgegeben hat, gestohlen und später im Zahlungsverkehr verwendet werden. Im dritten Fall werden von der Bundesbank aufgerufene und inzwischen bei den Landeszentralbanken im Wege des Umtauschs eingezahlte Geldnoten dort oder auf dem Weg zur Zentrale entwendet, bevor sie vernichtet sind. Viertens bleibt zu fragen, welche Folgen sich daraus ergeben, daß zwecks Ersetzung bei den Bundesbankkassen im Wege des Eintauschs eingezahlte oder von den Zweiganstalten selbst aussortierte und zur Überprüfung bestimmte Geldnoten gestohlen werden, bevor sie zentral überprüft und vernichtet sind.

### I. Entwendung aus der Notendruckerei

#### 1. Keine Geldqualität der Noten bei Entwendung

Solange Noten sich bei den Notendruckereien befinden, sind sie nur bedruckte Papierscheine[2]. Zur öffentlichen Sache Geld werden sie erst durch die Widmung der Bundesbank. Gelangen die Noten bei den Notendruckereien Dieben in die Hand, so erbeuten diese nicht Geld, sondern Papier.

---

[1] Vgl. dazu *F. A. Mann*, Geld und Scheingeld der Bundesbank, JZ 70, 212 f.; *Prost*, Geld und Scheingeld, JZ 69, 786 ff.; *Spindler/Becker/Starke*, Bundesbank, § 14 Anm. 1 I 2.

[2] *Prost*, Geld ..., JZ 69, 786 (787); *Spindler/ Becker/ Starke*, Bundesbank, § 14 Anm. 4 IV 1; *Fögen*, Geld- und Währungsrecht, S. 21; vgl. hierzu auch die bei *F. A. Mann*, Das Recht des Geldes, S. 6, 8, zitierte Rechtsprechung eines District Court in Tennessee, USA, und eines englischen Gerichts, die beide eine bei der Notenbank vor der Ausgabe entwendete Münze bzw. Note nicht als Geld angesehen haben.

## 2. Geldqualität durch In-Verkehr-Bringen der entwendeten Noten

Anders könnte die Rechtsqualität dieser Notenscheine zu beurteilen sein, wenn die Täter die gestohlenen Noten in Umlauf gesetzt haben. Die Noten sind dann von den von der Bundesbank ausgegebenen nicht zu unterscheiden. Dennoch bleibt offen, ob der gutgläubige Erwerber nach den §§ 932, 935 II BGB Eigentum[3] an Notengeld erlangt oder ob er nicht nur Papierscheine erhält, die er mangels gutgläubigen Erwerbs der Notendruckerei als dem Eigentümer herausgeben muß. Voraussetzung dafür, daß der Erwerber Eigentum an Notengeld erlangt, ist die Geldqualität dieser Noten. Geldqualität könnten sie dadurch erlangt haben, daß sie in den Verkehr gebracht worden sind, so wie das In-Verkehr-Bringen durch die Bundesbank Geld schafft. Jedoch ist zu bedenken, daß die Bundesbank öffentlich-rechtlich handelt, die Noten zur öffentlichen Sache Geld widmet und nur sie dazu berechtigt ist. Private sind weder berechtigt noch in der Lage, durch die Ausgabe Geld entstehen zu lassen[4], ihre hierauf gerichteten Rechtsgeschäfte sind wegen Verstoßes gegen ein gesetzliches Verbot nichtig, § 14 I 1 BBkG, § 134 BGB.

Dennoch könnte sich in dem hier erörterten Fall etwas anderes ergeben. Er unterscheidet sich wesentlich von der durch Private organisierten Notenausgabe, an der die Bundesbank in keiner Weise beteiligt ist; denn hier sind von den Dieben im Auftrag und nach Weisung der Bundesbank hergestellte Noten in den Verkehr gebracht worden. Während bei der von Privaten organisierten Notenausgabe § 14 I 1 BBkG uneingeschränkt gilt und Notengeld nicht entsteht[5], könnte das In-Verkehr-Bringen der aus den Notendruckereien gestohlenen Noten der Bundesbank zuzurechnen sein, weil bei diesen Noten auf Grund ihrer ordnungsgemäßen Herstellung der Rechtsschein dafür spricht, daß sie von der Bundesbank ausgegeben sind. Das hätte zur Folge, daß auch diese Noten im Verkehr Geld sind[6], an dem der gutgläubige Erwerber nach den §§ 932, 935 II BGB Eigentum erlangt.

Daß die Notenausgabe der Bundesbank ein öffentlich-rechtlicher Akt ist, dessen Nachahmung durch Private grundsätzlich nur einen

---

[3] Allgemein zum gutgläubigen Eigentumserwerb an öffentlichen Sachen nach den §§ 929, 932 ff. BGB: *Frotscher*, Probleme des öffentlichen Sachenrechts, VwArch. 62 (1971), S. 153 (154 ff.).

[4] *Fögen*, a.a.O., S. 20.

[5] Vgl. § 11 BankG v. 1875, § 4 BankG v. 1924, sowie *Spindler/Becker/Starke*, Bundesbank, § 14 Anm. 1 I 2.

[6] Daß die §§ 932, 935 II BGB überhaupt erst zur Anwendung gelangen können, wenn die gestohlenen Notenscheine Geld sind, übersieht *Prost*, Geld ..., JZ 69, 786 (787 f.).

§ 9 Die Notenausgabe durch Unbefugte 69

sogenannten Nichtakt erzeugt[7], steht nicht von vornherein dem entgegen, ausnahmsweise der Bundesbank die Ausgabe von aus den Notendruckereien gestohlenen Noten zuzurechnen. Nicht nur das Privatrecht, sondern auch das öffentliche Recht kennt die Zurechenbarkeit fremder Handlungen kraft Rechtsscheins[8]. Beispiele im öffentlichen Recht dafür sind die Handlungen eines nichtig ernannten Beamten, § 14 BBG[9], sowie die einer Privatperson, die sich als Standesbeamter geriert, § 11 II EheG[10], § 1319 BGB a. F.[11]. Ob hieraus unter Berücksichtigung weiterer Beispiele[12] ein allgemeiner Grundsatz des öffentlichen Rechts der Art abgeleitet werden kann, daß Nichtakte oder nichtige Akte rechtswirksame Folgen äußern, und zwar die Folgen, die der Akt bei seiner Gültigkeit hervorgebracht hätte, wenn und soweit es die Rechtssicherheit erfordert[13], kann in diesem Zusammenhang dahingestellt bleiben. Auch wenn nur kraft besonderer gesetzlicher Regelung Handlungen Privater einer Behörde zugerechnet werden können, muß man bei der durch Private vorgenommenen Ausgabe von aus den Notendruckereien gestohlenen Notenscheinen zu dem Ergebnis kommen, daß diese Ausgabe der Bundesbank zuzurechnen ist: Gesetzliche Grundlage hierfür ist § 794 BGB[14], der, wenn auch Geldnoten keine Inhaberschuldverschreibungen oder ähnliches sind, a minore ad maius seinem Rechtsgedanken nach[15] anzuwenden ist[16], weil für den Verkehr

---

[7] *Forsthoff*, Verwaltungsrecht I, S. 221; *H. J. Wolff*, Verwaltungsrecht I, § 51 II. Die Bezeichnung für derartige Akte ist unterschiedlich; während einerseits nur von „Nichtigkeit" gesprochen wird, verwendet man andererseits den Ausdruck „absolute Nichtigkeit", als deren eine mögliche Erscheinungsform diese Akte angesehen werden. Vgl. dazu die aufschlußreiche Schrift von *G. Winkler*, Die absolute Nichtigkeit von Verwaltungsakten, Tübingen 1960, mit den entsprechenden Literaturhinweisen.
[8] *W. Jellinek*, Der fehlerhafte Staatsakt und seine Wirkungen, Tübingen 1908, S. 54 ff.; *Kormann*, System der rechtsgeschäftlichen Staatsakte, Berlin 1910, S. 242 ff.; *Andersen*, Ungültige Verwaltungsakte, Mannheim/Berlin/Leipzig 1927, S. 387 ff.; *W. Jellinek*, Verwaltungsrecht, S. 271 f.; *E. v. Hippel*, Untersuchungen zum Problem des fehlerhaften Staatsakts, 2. Aufl., Berlin/Göttingen/Heidelberg 1960, S. 75 ff.
[9] Bundesbeamtengesetz vom 22. Oktober 1965 (BGBl. I, S. 1776).
[10] Ehegesetz (Gesetz Nr. 16 des Kontrollrats) vom 20. Februar 1946 (KRABl. 77, ber. 294).
[11] § 1319 BGB a. F. lautete: Als Standesbeamter im Sinne des § 1317 gilt auch derjenige, welcher, ohne Standesbeamter zu sein, das Amt eines Standesbeamten öffentlich ausübt, es sei denn, daß die Verlobten den Mangel der amtlichen Befugnis bei der Eheschließung kennen.
[12] Vgl. dazu *Kruse*, Die Rechtsfolgen ungültiger Wahlen im öffentlichen Recht, Diss. Köln 1956, S. 65 ff., 86 ff.
[13] *Kruse*, a.a.O., S. 86.
[14] Zu den zivilrechtlichen Problemen vgl. statt aller *Larenz*, Lehrbuch des Schuldrechts, Besonderer Teil, 9. Aufl., München 1968, § 60 II.
[15] *F. A. Mann*, Geld und Scheingeld (Schlußwort), JZ 70, 409.
[16] *F. A. Mann*, Das Recht ..., S. 9 und Anm. 28, 45, sowie *ders.*, Geld ...,

Geld und Inhaberschuldverschreibungen auch jetzt noch in vielem rechtlich gleichgestellt sind[17].

Somit gelten die aus den Notendruckereien gestohlenen und dann von den Dieben in den Verkehr gebrachten Noten als von der Bundesbank ausgegeben, sie sind mithin für den Verkehr Notengeld[18]. Der gutgläubige Erwerber erlangt an diesen Geldnoten nach den §§ 932, 935 II BGB Eigentum.

### II. Wegnahme von Noten bei der Bundesbank vor deren Ausgabe

Ob die Noten aus einer Notendruckerei oder bei der Bundesbank gestohlen werden, bevor sie von der Bundesbank ausgegeben sind, kann keinen Unterschied machen. Dadurch, daß die Noten in den Bereich der Bundesbank selbst gelangen, erhalten sie noch keine Geldqualität. Die Diebe erbeuten nur bedruckte Papierscheine, gleichgültig ob die Notenscheine aus der Notendruckerei oder auf dem Transport zur Bundesbank-Zentrale, aus der Zentrale oder auf dem Weg zur Landeszentralbank oder dort gestohlen werden. Das In-Verkehr-Bringen dieser Notenscheine ist jedoch der Bundesbank zuzurechnen, die Noten sind im Verkehr Notengeld, an dem der gutgläubige Erwerber Eigentum erlangt.

### III. Diebstahl an aufgerufenen, bei der Bundesbank umgetauschten Geldnoten

War in den beiden vorhergehenden Fällen problematisch, ob die gestohlenen Noten schon Geld sind, so kann sich in einem anderen Fall die Frage ergeben, ob die Noten noch Geld sind. Dieses Problem stellt sich, wenn die Bundesbank Notengeld zur Einziehung aufgerufen hatte, dieses inzwischen bei den Zentralbanken lagert und dort entwendet wird.

Da der Aufruf zur Einziehung die Entwidmung der öffentlichen Sache Geld ist, läge der Gedanke nahe, die Täter erbeuteten nur Papierscheine. Dabei wird aber übersehen, daß die Entwidmung ihre recht-

---

JZ 70, 212/213; im Ergebnis ebenso *Grenz*, Geldregal ..., S. 170 f.; einschränkend *Fögen*, Geld- und Währungsrecht, S. 22, sowie *ders.*, Geld und Scheingeld (Eine Erwiderung), JZ 70, 409.

[17] Vgl. oben § 4 II 1; *Fögen*, Geld- und Währungsrecht, S. 20.

[18] Wenn *Voigt*, Währungsverwaltung ..., S. 198, dieses Ergebnis schon daraus rechtfertigen will, daß die Bundesbank den betreffenden Notentyp im Bundesanzeiger bekanntgemacht hat, so übersieht er, daß die Bekanntmachung sofort nach dem Diebstahl rückgängig gemacht werden kann (unter Warnung vor einer Annahme der betreffenden Noten), daß es also auf die Bekanntmachung nicht ankommen kann.

liche Wirksamkeit erst mit der tatsächlichen Außerdienststellung des Notengeldes, der Vernichtung, erhält. Zuvor gestohlene Geldnoten sind demnach noch nicht entwidmet und somit Geld[19].

### IV. Entwendung gebrauchsunfähiger Geldnoten bei der Bundesbank

Das gleiche Problem stellt sich, wenn bei der Bundesbank Geldnoten, die sie zum Eintausch erhalten oder wegen Unbrauchbarkeit aussortiert hat, vor der zentralen Kontrolle und Vernichtung gestohlen werden. Da bei diesen Geldnoten die Entwidmung erst durch die bei der zentralen Kontrolle erfolgende Bestimmung zur Vernichtung erfolgt, stehlen die Täter in jedem Fall (Noten-)Geld, nicht nur Papierscheine.

---

[19] Vgl. oben § 7 II 1 a aa; nach *Fögen*, Geld ..., JZ 70, 409, sind Geldnoten „nach Rücklauf" nicht mehr Geld, wobei offengelassen ist, was man darunter zu verstehen hat.

## Zusammenfassung

Die Herstellung von Noten ist privatrechtliches Handeln. Das In-Verkehr-Bringen, die Ausgabe durch die Bundesbank, ist öffentlich-rechtliches Handeln, das staatliches Geld schafft.

Staatliches (Sach-)Geld ist eine öffentliche Sache, die durch Staatsakt entsteht und öffentlich-rechtlichen Vorschriften unterliegt. Die Eigenschaft als öffentliche Sache erhalten Noten zu dem Zweck, daß sie jedermann abstrakte Zahlkraft zu einem Zwangskurs in Höhe des aufgedruckten Nennwertes zur Verfügung stellen.

Die Ausgabe von Noten ist ihre Widmung durch Verwaltungsakt zur öffentlichen Sache. Die Widmung hat Doppelcharakter: sie macht Noten zur öffentlichen Sache Geld und zu unbeschränkten gesetzlichen Zahlungsmitteln, die mit einem Annahmezwang versehen sind. Zuständig für die Widmung ist die Bundesbank.

Der Gemeingebrauch besteht bei Geldnoten in ihrem Gebrauch als Geld in Form von unbeschränktem gesetzlichen Zahlungsmittel.

Die öffentlich-rechtliche Unterhaltung erfolgt bei Geldnoten durch ihren Eintausch in gleichartige Zahlungsmittel desselben Nennbetrages.

Die Außer-Kurs-Setzung ist die Entwidmung der Geldnoten. Sie erfolgt durch einen bedingten, subsidiär befristeten Verwaltungsakt, den Aufruf zur Einziehung. Daneben ist eine Entwidmung durch Einziehung möglich.

Die Entwidmung ist nur bei entsprechendem öffentlichen Interesse zulässig. Sie ist keine Enteignung, weil der entwidmende Träger öffentlicher Gewalt (in der Regel) Eigentümer der zu entwidmenden Geldnoten ist oder durch Zahlung anderer Geldnoten gleichen Nennbetrages an den von der Entwidmung Betroffenen Eigentümer geworden ist.

Zuständig für die Unterhaltung und Entwidmung der Geldnoten ist die Bundesbank.

# Gesetzestexte

## A. Gesetz über die Deutsche Bundesbank vom 26. Juli 1957 (BGBl. I S. 745)

### § 2

*Rechtsform, Grundkapital und Sitz.* Die Deutsche Bundesbank ist eine bundesunmittelbare juristische Person des öffentlichen Rechts. Ihr Grundkapital im Betrage von zweihundertneunzig Millionen Deutsche Mark steht dem Bund zu. Die Bank hat ihren Sitz am Sitz der Bundesregierung; solange dieser sich nicht in Berlin befindet, ist Sitz der Bank Frankfurt am Main.

### § 3

*Aufgabe.* Die Deutsche Bundesbank regelt mit Hilfe der währungspolitischen Befugnisse, die ihr nach diesem Gesetz zustehen, den Geldumlauf und die Kreditversorgung der Wirtschaft mit dem Ziel, die Währung zu sichern, und sorgt für die bankmäßige Abwicklung des Zahlungsverkehrs im Inland und mit dem Ausland.

### § 12

*Verhältnis der Bank zur Bundesregierung.* Die Deutsche Bundesbank ist verpflichtet, unter Wahrung ihrer Aufgabe die allgemeine Wirtschaftspolitik der Bundesregierung zu unterstützen. Sie ist bei der Ausübung der Befugnisse, die ihr nach diesem Gesetz zustehen, von Weisungen der Bundesregierung unabhängig.

### § 14

*Notenausgabe.* (1) Die Deutsche Bundesbank hat das ausschließliche Recht, Banknoten im Geltungsbereich dieses Gesetzes auszugeben. Ihre Noten lauten auf Deutsche Mark. Sie sind das einzige unbeschränkte gesetzliche Zahlungsmittel. Noten, die auf kleinere Beträge als zehn Deutsche Mark lauten, dürfen nur im Einvernehmen mit der Bundesregierung ausgegeben werden. Die Deutsche Bundesbank hat die Stückelung und die Unterscheidungsmerkmale der von ihr ausgegebenen Noten öffentlich bekanntzumachen.

(2) Die Deutsche Bundesbank kann Noten zur Einziehung aufrufen. Aufgerufene Noten werden nach Ablauf der beim Aufruf bestimmten Umtauschfrist ungültig.

(3) Die Deutsche Bundesbank ist nicht verpflichtet, für vernichtete, verlorene, falsche, verfälschte oder ungültig gewordene Noten Ersatz zu leisten. Sie hat für beschädigte Noten Ersatz zu leisten, wenn der Inhaber entweder Teile einer Note vorlegt, die insgesamt größer sind als die Hälfte der Note, oder den Nachweis führt, daß der Rest der Note, von der er nur die Hälfte oder einen geringeren Teil vorlegt, vernichtet ist.

### § 29 Abs. 1

*Sonderstellung der Deutschen Bundesbank.* Der Zentralbankrat und das Direktorium der Deutschen Bundesbank haben die Stellung von obersten Bundesbehörden. Die Landeszentralbanken und Hauptstellen haben die Stellung von Bundesbehörden.

### § 33

*Veröffentlichungen.* Die Deutsche Bundesbank hat ihre für die Öffentlichkeit bestimmten Bekanntmachungen, insbesondere den Aufruf von Noten, die Festsetzung von Zins-, Diskont- und Mindestreservesätzen sowie die Anordnung von Statistiken im Bundesanzeiger zu veröffentlichen.

## B. Gesetz über die Auprägung von Scheidemünzen vom 8. Juli 1950 (BGBl. S. 233)

### § 1

Als Bundesmünzen sollen Scheidemünzen über 1, 2, 5, 10 und 50 Deutsche Pfennig (Pf) sowie über 1, 2 und 5 Deutsche Mark (DM) ausgeprägt werden.

### § 2

Die nach § 1 auszuprägenden Scheidemünzen sind nach Maßgabe des § 3 gesetzliche Zahlungsmittel.

### § 3

(1) Niemand ist verpflichtet, auf Deutsche Mark lautende Münzen im Betrag von mehr als 20 Deutsche Mark und auf Pfennig lautende Münzen im Betrag von mehr als 5 Deutsche Mark in Zahlung zu nehmen.

(2) Die Bundes- und Landeskassen haben die in Absatz 1 bezeichneten Münzen in jedem Betrag in Zahlung zu nehmen oder in andere gesetzliche Zahlungsmittel umzutauschen. Als Bundeskassen im Sinne dieses Gesetzes gelten auch die Kassen der Deutschen Post.

### § 8

Die Bundesmünzen werden von der Bank deutscher Länder nach Maßgabe des Bedürfnisses in den Verkehr gebracht. Zu diesem Zweck ist die Bank deutscher Länder vorbehaltlich der Vorschriften des Absatzes 2 verpflichtet, die nach § 1 ausgeprägten Münzen des Bundes von diesem gegen Gutschrift des Nennbetrags zu übernehmen.

(2) Sind Münzen im Gesamtbetrag von mehr als zwanzig Deutsche Mark je Kopf der Bevölkerung ausgeprägt worden, so soll der Eigenbestand der Bank deutscher Länder 15 vom Hundert des Gesamtbetrags der im Verkehr befindlichen Bundesmünzen auf die Dauer nicht übersteigen. Hat der Eigenbestand jeweils am Monatsschluß während eines Zeitraums von 6 Monaten ununterbrochen über dem Höchstbestand gelegen, so hat die Bank deutscher Länder Münzen in dem Betrage, um den der Höchstbestand am Schluß des letzten Monats überschritten war, für Rechnung des Bundes in gesonderte Verwahrung zu nehmen. Unterschreitet der Eigenbestand am Schluß eines Monats wieder den Höchstbestand, so ist der Eigenbestand entsprechend aufzufüllen.

## § 9

Münzen, die infolge längeren Umlaufs und Abnutzung an Gewicht oder Erkennbarkeit erheblich eingebüßt haben, werden von allen Bundes- und Landeskassen angenommen, sie sind alsdann für Rechnung des Bundes einzuziehen.

### C. Erstes Gesetz zur Neuordnung des Geldwesens (Währungsgesetz)

(Gesetz Nr. 61 des Amerik. und Brit Kontrollgebiets, Verordnung Nr. 158 des Franz. Kontrollgebiets) vom 20. Juni 1948 (WiGBl. Beilage Nr. 5/1948, S. 1)

## § 1

(1) Mit Wirkung vom 21. Juni 1948 gilt die Deutsche-Mark-Währung. Ihre Rechnungseinheit bildet die Deutsche Mark, die in hundert Deutsche Pfennig eingeteilt ist.

(2) Alleinige gesetzliche Zahlungsmittel sind vom 21. Juni 1948 an:
1. die auf Deutsche Mark oder Pfennig lautenden Noten, die von der Bank deutscher Länder ausgegeben werden,
2. ...

# Literaturverzeichnis

*Achterberg*, Erich und Karl *Lanz:* Enzyklopädisches Lexikon für das Geld-, Bank- und Börsenwesen, 3. Aufl., Frankfurt 1967/68

*Andersen*, Poul: Ungültige Verwaltungsakte, Mannheim/Berlin/Heidelberg 1927

*Andreae*, Wilhelm: Geld und Geldschöpfung, Stuttgart/Wien 1953

*Bachof*, Erich: Verfassungsrecht, Verwaltungsrecht, Verfahrensrecht in der Rechtsprechung des Bundesverwaltungsgerichts, Bd. I, 3. Aufl., Tübingen 1966; Bd. II, Tübingen 1967

*Bachmann*, Hans: Die Konvention von Bretton Woods, St. Gallen 1945

*Badura*, Peter: Das Verwaltungsmonopol, Berlin 1963

— Wirtschaftsverwaltungsrecht, in: v. Münch, Besonderes Verwaltungsrecht, S. 233—287

*Balke*, Erich, Otto *Boege*, Heinz *Kempe* und Joachim *Weschke:* Münzwesen, in: Achterberg/Lanz, Enzyklopädisches Lexikon für das Geld-, Bank- und Börsenwesen, S. 1233—1242

*Beck*, Heinz: Gesetz über die Deutsche Bundesbank, Mainz-Gonsenheim/Düsseldorf 1959

*Bettermann*, Karl August: Gewerbefreiheit der öffentlichen Hand, in: Berliner Festschrift für E. Hirsch, Berlin 1968, S. 1—24

*Böckenförde*, Ernst-Wolfgang: Die Organisationsgewalt im Bereich der Regierung, Berlin 1964

*Breit*, James: Bankgesetz, Berlin 1911

*Büschgen*, Egon (Hrsg.): Geld, Kapital und Kredit, Stuttgart 1968

*Caspers*, Hans-Friedrich: Rechtliche Betrachtungen zur Aufwertung der Deutschen Mark, BB 1961, S. 341—343

*Conrad*, Hermann: Deutsche Rechtsgeschichte, Bd. I, 2. Aufl., Karlsruhe 1962; Bd. II, Karlsruhe 1966

*Duden*, Konrad: Der Gestaltwandel des Geldes und seine rechtlichen Folgen, Karlsruhe 1968

*Ehlers*, Harald: Der stillschweigende Verwaltungsakt, Kieler Diss., Bamberg 1970

*Ehrenberg*, Viktor: Handbuch des gesamten Handelsrechts, Bd. IV, 1. Abt., Leipzig 1917

*Enneccerus*, Ludwig und Heinrich *Lehmann:* Recht der Schuldverhältnisse, 15. Aufl., Tübingen 1958

*Eyermann*, Erich und Ludwig *Fröhler:* Verwaltungsgerichtsordnung, 4. Aufl., München und Berlin 1965

*Eynern*, Gert v.: Die Unabhängigkeit der Notenbank, Berlin 1957, in: Schriftenreihe der Deutschen Hochschule für Politik Berlin, Heft 19

*Faber,* Heiko: Wirtschaftsplanung und Bundesbankautonomie, Baden-Baden 1969
*Fickert,* Hans Carl: Straßenrecht in Nordrhein-Westfalen, 2. Aufl., Köln 1968
*Fleiner,* Fritz: Institutionen des Deutschen Verwaltungsrechts, 8. Aufl., Tübingen 1928
*Fögen,* Hermann: Geld- und Währungsrecht, München 1969
— Geld und Scheingeld (Eine Erwiderung), JZ 1970, S. 409
*Förster,* H. W.: Das Bankgesetz und das Münzgesetz, Oldenburg i. O./Berlin 1934
*Forsthoff,* Ernst: Lehrbuch des Verwaltungsrechts, Bd. I (Allgemeiner Teil), 9. Aufl., München und Berlin 1966
*Frankenstein,* Kuno und Max *v. Heckel* (Hrsg.): Hand- und Lehrbuch der Staatswissenschaften, Erste Abt.: Volkswirtschaftslehre, VIII. Bd., Geld und Banken, I. Teil: Das Geld, Leipzig 1923
*Franzke,* Hans-Ulrich: Geldhoheit und Währungssteuerung, Frankfurt a. M. 1964
*Frauenfelder,* Max: Das Geld als allgemeiner Rechtsbegriff, Bern 1938
*Frotscher,* Werner: Probleme des öffentlichen Sachenrechts, VwArch. 62 (1971), S. 153—168
*Gerber,* Hans: Geld und Staat, Jena 1926
*Gerloff,* Wilhelm: Die Entstehung des Geldes und die Anfänge des Geldwesens, 3. Aufl., Frankfurt a. M. 1947
*Grenz,* Gisela: Geldregal und Währungsverwaltung, Diss. Hamburg 1955
*Hahn,* Hugo: Rechtsfragen der Diskontsatzfestsetzung, Karlsruhe 1966
*Hardinghaus,* Herbert: Öffentliche Sachherrschaft und öffentliche Sachwaltung, Berlin 1966
*Helfferich,* Karl: Das Geld, 6. Aufl., Leipzig 1923, in: Frankenstein/Heckel, Hand- und Lehrbuch der Staatswissenschaften, Erste Abt., VIII. Bd., I. Teil
*Hettlage,* Karl Maria: Die Finanzverfassung im Rahmen der Staatsverfassung, VVDStRL 14 (1956), S. 2—36
*Hippel,* Ernst v.: Untersuchungen zum Problem des fehlerhaften Staatsakts, 2. Aufl., Berlin/Göttingen/Heidelberg 1960
*Höpker-Aschoff,* Hermann: Geld und Währungen, Stuttgart 1948
*Hoffmann,* Wolfgang: Rechtsfragen der Währungsparität, München 1969
*Huber,* Ernst Rudolf: Wirtschaftsverwaltungsrecht, Bd. I, Tübingen 1953
*Hueck,* Alfred: Recht der Wertpapiere, 10. Aufl., Berlin und Frankfurt a. M. 1967
*Irrgang,* Klaus: Die Rechtsnatur der Deutschen Bundesbank, Diss. Köln 1969
*Jecht,* Hans: Die öffentliche Anstalt, Berlin 1963
*Jellinek,* Georg: Allgemeine Staatslehre, 3. Aufl., Berlin 1914 (Nachdruck 1966)
*Jellinek,* Walter: Der fehlerhafte Staatsakt und seine Wirkungen, Tübingen 1908
— Verwaltungsrecht, 3. Aufl., Berlin 1931
*Jung,* Erich: Das privatrechtliche Wesen des Geldes, Marburg 1926
*Kaser,* Max: Das Geld im Sachenrecht, AcP 143 (1937), S. 1—27

*Kaufmann*, Erich: Die Grenzen der Verfassungsgerichtsbarkeit, VVDStRL 9 (1952), S. 1—16

*Kieschke*, Hans-Ulrich: Rechtsprobleme der Diskont- und der Mindestreservesatzfestsetzung, Diss. Tübingen 1964

*Knapp*, Georg Friedrich: Staatliche Theorie des Geldes, München und Leipzig 1923

*Knies*, Karl: Das Geld, 2. Aufl., Berlin 1885

*Koch*, Richard und Hjalmar *Schacht:* Die Reichsgesetzgebung über das Münz- und Notenbankwesen, 7. Aufl., Berlin und Leipzig 1926

*Kodal*, Kurt: Straßenrecht, 2. Aufl., München und Berlin 1964

*Könnecker*, Wilhelm: Deutsche Bundesbank, in: Achterberg/Lanz, Enzyklopädisches Lexikon ..., Bd. I, S. 358—380

*Köser*, Reinhard und Hans *Pfisterer:* Die Notenbank, Stuttgart 1969

*Köttgen*, Arnold: Der Einfluß des Bundes auf die deutsche Verwaltung und die Organisation der bundeseigenen Verwaltung, JöR, NF 11 (1962), S. 173 bis 311

*Kormann*, Karl: System der rechtsgeschäftlichen Staatsakte, Berlin 1910

*Kruse*, Gerhard: Die Rechtsfolgen ungültiger Wahlen im öffentlichen Recht, Diss. Köln 1956

*Kuhn*, Georg: Reichsgerichtsräte-Kommentar zum BGB, II. Bd., 2. Teil, 11. Aufl., Berlin 1960

*Kunst*, Hermann, Siegfried *Grundmann*, Wilhelm *Schneemelcher* und Roman *Herzog:* Evangelisches Staatslexikon, 1. Aufl., Stuttgart 1966

*Laband*, Paul: Das Staatsrecht des Deutschen Reiches, 5. Aufl., Bd. I, Tübingen 1909; Bd. II, Tübingen 1911; Bd. III, Tübingen 1913

*Lampe*, Ortrun: Die Unabhängigkeit der Deutschen Bundesbank, Diss. Mainz 1966

*Larenz*, Karl: Lehrbuch des Schuldrechts, Besonderer Teil, 9. Aufl., München 1968

*Lipfert*, Helmut: Einführung in die Währungspolitik, 3. Aufl., München 1967

*Loening*, Hellmuth: Der ministerialfreie Raum in der Staatsverwaltung, DVBl. 1954, S. 173—180

*Lotz*, Walter: Geschichte und Kritik des deutschen Bankgesetzes vom 14. März 1875, Leipzig 1888

*Mang*, Johann, Theodor *Maunz*, Franz *Mayer* und Klaus *Obermayer:* Staats- und Verwaltungsrecht in Bayern, 3. Aufl., München 1968

*Mann*, Fritz A.: Das Recht des Geldes, Berlin 1960
— Geld und Scheingeld der Bundesbank, JZ 1970, S. 212—213
— Geld und Scheingeld (Schlußwort), JZ 1970, S. 409

*Marschall*, Ernst A.: Bundesfernstraßengesetz, 2. Aufl., Köln/Berlin/Bonn/München 1963

*Maunz*, Theodor: Hauptprobleme des öffentlichen Sachenrechts, München/Berlin/Leipzig 1933

*Maunz*, Theodor, Günter *Dürig* und Roman *Herzog:* Grundgesetz, München 1968

*Mayer*, Otto: Deutsches Verwaltungsrecht, 3. Aufl., München und Leipzig 1924

## Literaturverzeichnis

*Merkl*, Adolf: Allgemeines Verwaltungsrecht, Wien und Berlin 1927
*Münch* Ingo v. (Hrsg.): Besonderes Verwaltungsrecht, Bad Homburg/Berlin/Zürich 1969
*Neufeld*, Hans: Das Bankgesetz und das Privatnotenbankgesetz, Berlin 1925
*Nussbaum*, Arthur: Das Geld in Theorie und Praxis des deutschen und ausländischen Rechts, Tübingen 1925
*Obst*, Georg und Otto *Hintner:* Geld-, Bank und Börsenwesen, 36. Aufl., Stuttgart 1967
*Peters*, Hans: Lehrbuch der Verwaltung, Berlin/Göttingen/Heidelberg 1949
*Prost*, Gerhard: Das Gesetz über die Deutsche Bundesbank — Wandlungen im Notenbankrecht, NJW 1957, S. 1303—1306
— Die Deutsche Bundesbank im Spannungsbereich anderer unabhängiger Organe und Institutionen, in: Büschgen, Geld, Kapital und Kredit, S. 110 bis 126
— Geld und Scheingeld, JZ 1969, S. 786—788
Reichsgerichtsräte-Kommentar: Das Bürgerliche Gesetzbuch unter besonderer Berücksichtigung der Rechtsprechung des Reichsgerichts und des Bundesgerichtshofes; Kommentar, hrsg. von Reichsgerichtsräten und Bundesrichtern, II. Bd., 2. Teil, 11. Aufl., Berlin 1960
*Reinhardt*, Rudolf: Vom Wesen des Geldes und seiner Einfügung in die Güterordnung des Privatrechts, in: Festschrift für Gustav Boehmer, Bonn 1954, S. 60—98
*Reischauer*, Friedrich und Joachim *Kleinhans:* Kreditwesengesetz, Bd. I, Berlin 1963 ff.
*Rittershausen*, Heinrich: Die Zentralnotenbank, Frankfurt a. M. 1962
*Rüfner*, Wolfgang: Formen öffentlicher Verwaltung im Bereich der Wirtschaft, Berlin 1967
*Salzwedel*, Jürgen: Gedanken zur Fortentwicklung des Rechts der öffentlichen Sachen, DöV 1963, S. 241—251
*Samm*, Carl-Theodor: Die Stellung der Deutschen Bundesbank im Verfassungsgefüge, Berlin 1967
*Schaelchlin*, Hans-Heinrich: Das Geld als ökonomische und juristische Kategorie, Luzern 1949
*Schallenberg*, Hermann: Die Widmung, Stuttgart 1958
*Schmölders*, Günter: Geldpolitik, 2. Aufl., Tübingen 1968
*Schönke*, Adolf und Horst *Schröder:* Strafgesetzbuch, 15. Aufl., München 1970
*Siebert*, Wolfgang: Privatrecht im Bereich öffentlicher Verwaltung, in: Festschrift für H. Niedermeyer, S. 215—247
*Sieder*, Frank und Herbert *Zeitler:* Bayrisches Straßen- und Wegegesetz, München 1960
*Simitis*, Spiros: Bemerkungen zur rechtlichen Sonderstellung des Geldes, AcP 159 (1960), S. 406—466
*Spindler*, Joachim v., Willy *Becker* und Otto-Ernst *Starke:* Die Deutsche Bundesbank, 3. Aufl., Stuttgart/Berlin/Köln/Mainz 1969
*Starke*, Otto-Ernst: Das Gesetz über die Deutsche Bundesbank und seine wichtigsten öffentlich-rechtlichen Probleme, DöV 1957, S. 606—612
*Stein*, Lorenz v.: Handbuch der Verwaltungslehre, 3. Aufl., Stuttgart 1887

*Stern*, Klaus: Umstrittene Maßnahmen der Bundesbank, Jus 1963, S. 68—73
— Die öffentliche Sache, VVDStRL 21 (1964), S. 183—223
— Die öffentliche Sache, in: Kunst/Grundmann/Schneemelcher/Herzog, Evangelisches Staatslexikon, S. 1890
*Stürner*, Rolf: Privatrechtliche Gestaltungsformen bei der Verwaltung öffentlicher Sachen, Tübingen 1969
*Triepel*, Heinrich: Die Reichsaufsicht, Berlin 1917
*Twiehaus*, Uwe: Die öffentlich-rechtlichen Kreditinstitute, Göttingen 1965
*Uhlenbruck*, Dirk: Die verfassungsmäßige Unabhängigkeit der Deutschen Bundesbank und ihre Grenzen, Diss. München 1968
*Veit*, Otto: Grundriß der Währungspolitik, 3. Aufl., Frankfurt a. M. 1969
*Voigt*, Hans-Uwe: Die Währungsverwaltung der Deutschen Bundesbank, Diss. Göttingen 1969
*Weber*, Werner: Die öffentliche Sache, VVDStRL 21 (1964), S. 145—182
*Weiland*, Gerd: Regelungskompetenzen der Deutschen Bundesbank unter besonderer Berücksichtigung zivilrechtlicher Fragen, Diss. Hamburg 1967
*Winkler*, Günther: Die absolute Nichtigkeit von Verwaltungsakten, Tübingen 1960
*Wittig*, Peter: Das öffentliche Eigentum, DVBl. 1969, S. 680—687
*Wolff*, Hans Julius: Verwaltungsrecht I, 7. Aufl., München 1968
*Wolff*, Martin: Das Geld, in: Ehrenberg, Handbuch des gesamten Handelsrechts, Bd. IV, 1. Abt., Leipzig 1917, S. 563—648
*Woydt*, Justus: Das öffentliche Eigentum, Diss. München 1970
*Zippelius*, Reinhold: Grundfragen des öffentlichen Sachenrechts und das Bayrische Straßen- und Wegegesetz, DöV 1958, S. 838—850
*Zorn*, Philipp: Das Staatsrecht des Deutschen Reiches, Bd. II, 2. Aufl., Berlin 1897

Printed by Libri Plureos GmbH
in Hamburg, Germany